Por
trás das
cicatrizes

O GEN | Grupo Editorial Nacional – maior plataforma editorial brasileira no segmento científico, técnico e profissional – publica conteúdos nas áreas de concursos, ciências jurídicas, humanas, exatas, da saúde e sociais aplicadas, além de prover serviços direcionados à educação continuada.

As editoras que integram o GEN, das mais respeitadas no mercado editorial, construíram catálogos inigualáveis, com obras decisivas para a formação acadêmica e o aperfeiçoamento de várias gerações de profissionais e estudantes, tendo se tornado sinônimo de qualidade e seriedade.

A missão do GEN e dos núcleos de conteúdo que o compõem é prover a melhor informação científica e distribuí-la de maneira flexível e conveniente, a preços justos, gerando benefícios e servindo a autores, docentes, livreiros, funcionários, colaboradores e acionistas.

Nosso comportamento ético incondicional e nossa responsabilidade social e ambiental são reforçados pela natureza educacional de nossa atividade e dão sustentabilidade ao crescimento contínuo e à rentabilidade do grupo.

POR TRÁS DAS CICATRIZES

Precisamos falar *mais* sobre câncer do reto em mulheres

ANANDA PAIXÃO

- A autora deste livro e a editora empenharam seus melhores esforços para assegurar que as informações e os procedimentos apresentados no texto estejam em acordo com os padrões aceitos à época da publicação, e todos os dados foram atualizados até a data de fechamento do livro. Entretanto, tendo em conta a evolução das ciências, as atualizações legislativas, as mudanças regulamentares governamentais e o constante fluxo de novas informações sobre os temas que constam do livro, recomendamos enfaticamente que os leitores consultem sempre outras fontes fidedignas, de modo a se certificarem de que as informações contidas no texto estão corretas e de que não houve alterações nas recomendações ou na legislação regulamentadora.

- Fechamento desta edição: *17.11.2023*

- A autora e a editora se empenharam para citar adequadamente e dar o devido crédito a todos os detentores de direitos autorais de qualquer material utilizado neste livro, dispondo-se a possíveis acertos posteriores caso, inadvertida e involuntariamente, a identificação de algum deles tenha sido omitida.

- **Atendimento ao cliente: (11) 5080-0751 | faleconosco@grupogen.com.br**

- Direitos exclusivos para a língua portuguesa
  Copyright © 2024 by
  Editora Forense Ltda.
  Uma editora integrante do GEN | Grupo Editorial Nacional
  Travessa do Ouvidor, 11 – Térreo e 6º andar
  Rio de Janeiro – RJ – 20040-040
  www.grupogen.com.br

- Reservados todos os direitos. É proibida a duplicação ou reprodução deste volume, no todo ou em parte, em quaisquer formas ou por quaisquer meios (eletrônico, mecânico, gravação, fotocópia, distribuição pela Internet ou outros), sem permissão, por escrito, da Editora Forense Ltda.

- Capa: Diego Bottan de Toledo

- **CIP – BRASIL. CATALOGAÇÃO NA FONTE.**
  SINDICATO NACIONAL DOS EDITORES DE LIVROS, RJ.

P172p
Paixão, Ananda, 1997-

Por trás das cicatrizes: precisamos falar mais sobre câncer do reto em mulheres / Ananda Paixão. – 1. ed. – Rio de Janeiro: Método, 2024.

ISBN 978-65-5964-917-4

1. Paixão, Ananda, 1997-. 2. Cantoras – Brasil – Biografia. 3. Reto – Câncer – Pacientes – Biografia. 4. Autobiografia. I. Título.

23-87118

CDD: 926.1699435092
CDU: 929:616.351-006

Meri Gleice Rodrigues de Souza – Bibliotecária – CRB-7/6439

*Dedico esta obra a cinco pessoas da minha vida: à minha mãe, Sonia, parceira maior em todo meu enfrentamento do câncer; ao meu querido amigo, Vicente Paulo, que escreveu esta obra ao meu lado e traduziu em palavras as minhas emoções; ao meu pai, Talis, que se fez presente comigo o tempo inteiro; e aos meus melhores amigos, Paulo Victor e Ana Luiza Otto, que nunca soltaram a minha mão.
Amo vocês, obrigada!*

Prefácio

A Vida

As histórias das nossas vidas são repletas de "o raro acontece, assim como o comum se repete". Como é importante saber descobrir, conseguir enfrentar, conviver e saber viver de maneira completa e intensa. Os desafios nos fazem amadurecer, crescer e – por que não? – ser feliz.

A história da Ananda desde cedo revelou que os sonhos e desafios seriam parte integrantes da sua vida: "Será que eu conseguiria, mesmo, ingressar no Bolshoi?", "Eu passei no teste, e o Bolshoi, então, mudou a minha vida."... Momentos felizes vividos no Bolshoi, mas a vida ensina que novos desafios se apresentam no nosso caminho.

A descoberta do câncer e tudo o que se passou desde o início, incluindo a dificuldade em fazer o diagnóstico, passando pela notícia do resultado do exame, o falar do câncer, a visão panorâmica do tratamento, a descoberta da necessidade de coletar óvulos... viver o seu tratamento de forma completa e intensa.

Passar por cada uma dessas etapas, eu, como oncologista, sei o quanto é difícil, sofrido e intenso, mas também sei como é viver o depois com amor, alegria e poder encontrar novos desafios.

> *Sério, gente, a música foi a minha motivação de todos os dias, especialmente naqueles mais difíceis, como as idas para as dolorosas sessões de radioterapia e de quimioterapia. Em todo o período do meu tratamento, do acordar ao deitar para dormir, além dos cuidados diários com a saúde, a minha maior motivação era uma só: eu preciso sobreviver, eu sei que eu ainda subirei num grande palco, com uma banda maravilhosa, e encantarei multidões por esse Brasil! Viva a música, novamente!*

Ananda, viva a música, viva a vida e viva a sua vida! Desejo muito amor, sucesso e "muita vida".

Seu eterno amigo,
Henry Najman

Ananda, uma paixão pela arte...

Quando eu a conheci, há 23 anos, ela já estava dando os seus primeiros passinhos na dança, ali pelos seus três aninhos de idade. Desde então, as duas, a Ananda e a dança, nunca mais se desgrudaram. E outras artes foram a elas se juntando! Foi assim que, alguns passinhos à frente – ainda antes do 4º aniversário –, lá estava ela fazendo aulas de canto lírico, de olho num teste para atuar em um musical de teatro. Depois, veio a Escola do Bolshoi, em Joinville/SC (dos dez aos quinze anos) – e os cursos de teatro e televisão, já no Rio de Janeiro. Atualmente, todas essas artes se misturam (e se grudam!) àquela arte que ela escolheu como profissão: a música (cantora e compositora)!

Mas não foi apenas com o seu talento que a Ananda me conquistou de vez. Foi também com uma breve conversa que tivemos no segundo semestre de 2022. Nessa conversa, ela me falava sobre as dores físicas e os efeitos colaterais decorrentes da radioterapia e da quimioterapia. Eu ali, já num daqueles momentos em que só o silêncio é capaz de dizer alguma coisa, tamanha a dor, e ela ainda arrematou: "mas sabe, Vicente, essas dores físicas nem foram as piores, pois para essas havia os médicos, as clínicas, os medicamentos; as piores foram as de cunho emocional, ligadas à minha autoestima e aos aspectos da feminilidade, sobre as quais eu não conseguia falar com ninguém, tamanhos os tabus que ainda existem nessas questões ligadas à sexualidade; eu quero muito escrever sobre isso nas minhas redes sociais, na lata, sem tabus, para ajudar outras mulheres em situação análoga, para que elas não se sintam tão perdidas e com a autoestima tão baixa".

Minutos depois, já discutíamos sobre os desafios a serem por nós enfrentados durante a elaboração deste livro, que ali nascia! Mais algumas conversas, e já tínhamos o nosso rumo: elaborar um livro em que ela, Ananda, abordaria, sem papas na língua, sem tabu algum mesmo, os maiores desafios vivenciados no enfrentamento do câncer colorretal, nessa região tão sensível do corpo feminino.

Obrigado, Ananda, pela coragem de compartilhar comigo, sem rodeios, tantos aspectos ligados à sua intimidade – e, claro, vida longa ao seu meritório livro! Que ele possa, quem sabe, vir a ser uma espécie de "livro de cabeceira" para outras pacientes desse tipo de câncer, naqueles momentos tão dolorosos do tratamento.

Vicente Paulo

Sumário

Apresentação xiii

Esclarecimentos necessários xvii

Capítulo 1 – De onde veio essa "paixão"? 1

Capítulo 2 – Uma família musical, de não músicos! 10

Capítulo 3 – A minha (intensa) vida no Bolshoi! 16

Capítulo 4 – A descoberta do câncer 30

Capítulo 5 – Doutor, peça uma colonoscopia, por favor! .. 40

Capítulo 6 – Uma família de fé 50

Capítulo 7 – Temos que falar sobre o câncer 57

Capítulo 8 – Visão panorâmica do meu tratamento 67

Capítulo 9 – A coleta de óvulos 74

Capítulo 10 – A radioterapia 87

Capítulo 11 – A quimioterapia 96

Capítulo 12 – Uma amizade complicada 107

Capítulo 13 – O efeito câncer sobre os *boys* 114

Capítulo 14 – Alguns novos sustos................................. 124

Capítulo 15 – Pequenos pecados................................... 133

Capítulo 16 – Os meus quatro picos de estresse.............. 137

Capítulo 17 – As sequelas que me acompanham.............. 142

Capítulo 18 – Frases que eu preferiria não ter ouvido 155

Capítulo 19 – Os meus anjos da guarda......................... 161

Capítulo 20 – Resiliência tóxica..................................... 164

Capítulo 21 – A relevância do equilíbrio emocional 168

Capítulo 22 – O meu remédio, a minha maior motivação..... 177

Apresentação

Meu nome é Ananda Paixão, tenho 25 anos, nasci nas belezas de Pernambuco, mas atualmente moro na cidade do Rio de Janeiro. Mesmo com todas as dificuldades que o nosso país impõe a quem se aventura a viver da arte, resolvi fazer da música a minha profissão, e hoje a minha vida é dedicada a cantar, compor e dançar!

Desde pequena, eu respiro arte! Dia sim, outro também! Não vejo muito mérito meu nisso, já que foi tudo muito inato, a arte sempre me buscou. Eu desistia dela, ela me chamava de volta! Eu fugia dela, ela me recapturava! Entreguei-me!

Nasci no Recife, mas sempre que me perguntam de onde eu sou, respondo que sou do Brasil, porque amo o meu país de canto a canto, e tive a oportunidade de passear, e também de morar, em lugares bem distintos. Passei frio em Santa Catarina, brinquei muito nas Minas Gerais, acompanhei a minha mãe numa linda aventura ao Maranhão e, antes de chegar à Cidade Maravilhosa, morei a maior parte da minha vida no cerrado do poder, também conhecido como Brasília! Foi a partir de vivências em culturas brasileiras tão distintas – do balé de Joinville/SC ao bumba-meu-boi de São Luís/MA – que nasceu o orgulho do meu "sou do Brasil"! Cada um desses povos – o pernambucano, o catarinense, o mineiro, o maranhense, o brasiliense e o carioca –, a seu modo, contribuiu para a minha formação artística e é uma benção ter amigos em cada uma dessas localidades.

Eu não me imaginava escrevendo um livro dessa natureza! Imagino que menina alguma com a minha idade tenha pensado em tal coisa! Afinal, não é comum que uma menina de 23 anos tenha câncer de reto, um tipo de câncer particularmente sensível para as mulheres – e, muito menos, decida depois falar sobre o assunto, sem tabu, sem rodeios, em um livro. Mas já que a vida jogou este perrengue no meu colo, resolvi abordar o assunto, segundo um lema que me acompanha: "se a vida der a você limões, *faça uma caipirinha*; e, se rolar uma oportunidadezinha, *pegue o Barman*"! Brincadeirinha... *Barman* é o nome de uma das minhas composições, cuja música foi lançada em junho de 2023.

Fui para a Escola Bolshoi muito pequena, e lá aprendi o poder da inspiração, por meio da dança e da música. Essa escola me ensinou a ser disciplinada, resiliente e determinada; esses valores sempre foram a base da minha vida. No entanto, nem nos meus piores sonhos – ou pesadelos! – eu poderia imaginar que um dia eu colocaria em prática esses ensinamentos para superar um câncer.

Mas passei pelo câncer, lutei com ele e sobrevivi! Mais do que isso, eu me redescobri, reaprendi a me amar com todas as sequelas que ele pode trazer a uma pessoa, em especial a uma mulher, ou melhor... no meu caso, uma menina.

Quando a editora me perguntou sobre que leitores eu gostaria de atingir com este livro, não foi fácil responder. Como é um livro que busca, primordialmente, poder ajudar outras mulheres, colaborar com outras que enfrentem algum obstáculo doloroso nessa vida, sonho em atingir um grande e multicolorido número delas. Mas, sem demagogia alguma, se com ele eu conseguir ser um alento para uma só de nós, diante de algum obstáculo de penosa superação, já me darei por realizada. Se a partir dos meus relatos neste livro, alguma mulher for levada a antecipar um exame de colonoscopia e descobrir um câncer ainda embrionário, já seria incrível!

Bem, será que você tem enfrentado algum desafio doloroso em sua vida? Huuum... então este livro pode ser para você!

Boa leitura! Bora trocar ideias sobre o livro depois, no @anandapaixao_?

Esclarecimentos necessários

Este livro não é uma obra de medicina, de repasse de conhecimento científico sobre o diagnóstico, os sintomas e os tratamentos indicados para determinado tipo de câncer. Também não constitui uma avaliação do protocolo adotado pelos médicos, nas diferentes fases do tratamento.

Cuida-se de um livro sobre como eu, Ananda Paixão, enxergo hoje o meu comportamento – e o das demais personagens envolvidas – durante o meu tratamento do câncer de reto, desde o aparecimento dos primeiros sintomas até o convívio atual com as revisões médicas periódicas e as incontáveis sequelas que carrego. Enfim, um livro que trata da minha percepção sobre um câncer particular, que precisei enfrentar!

Chamar a atenção desse aspecto tornou-se necessário porque, durante a elaboração deste livro, eu me vi, aqui e acolá, registrando as minhas impressões sobre o atendimento médico que eu recebi diante dos primeiros sintomas do câncer, ou sobre a desumanização do tratamento da saúde em nosso país.

Mas esses registros – isso é o que eu quero, aqui, esclarecer – não terão uma preocupação com o saber científico da medicina, tampouco com o acerto do meu pensamento sobre determinada conduta adotada por mim, ou pelos médicos que eu consultei. Sempre que esses registros aparecerem nesta obra serão com o objetivo de esclarecer determinado cenário pelo qual eu passei e que teve influência sobre o meu ser, como mulher.

Caso determinada exposição desta obra lhe tenha parecido preconceituosa, equivocada, desrespeitosa à ciência e/ou aos direitos fundamentais dos indivíduos, por favor, envie-me a sua crítica numa mensagem privada para @anandapaixao_.

Outro aspecto merece uma breve nota. No meu enfrentamento ao câncer, eu fui uma brasileira privilegiada, filha de pais de classe média alta, servidores públicos federais, com planos de saúde de qualidade e recursos financeiros disponíveis para as despesas menores. Considero importante tal registro, porque essa não é a realidade da maioria dos brasileiros que enfrentam um câncer. Quantos brasileiros terão a oportunidade de colocar os pés nos hospitais e nas clínicas pelas quais eu passei, como o Sírio-Libanês, em São Paulo, a Clínica São Vicente e o Hospital Copa Star, da Rede D'Or, no Rio de Janeiro?

Faço isso para esclarecer que os protocolos e os procedimentos por mim descritos nesta obra são aqueles pelos quais eu passei, em redes privadas de saúde, que eventualmente podem não ser oferecidos pelo Sistema Único de Saúde (SUS) à maioria dos brasileiros – que só contam com o sistema público de saúde. Mas eu espero que eles, pelo menos, possam servir de referência para que outros pacientes – em caso de câncer no reto grave como o meu – possam pleitear pelos meios legais, se for o caso, o direito a um tratamento digno. Não custa lembrar que a nossa Constituição Federal estabelece que a saúde é um direito de todos e dever do Estado (art. 196).

A autora

1

De onde veio essa "paixão"?

Do Recife. Meu nome é Ananda Sarnaglia Paixão. Nasci na linda Capital pernambucana, em 9 de outubro de 1997. Minha mãe vive dizendo, para gregos e troianos, que eu nasci na primavera mais colorida, quente e alegre de todos os tempos do Recife – mas para esse assunto ela não é lá muito confiável, pode ser pura corujice! Mas, cá entre nós, é fato que eu me vejo colorida, quente, alegre e mulher de personalidade – como o Recife! Não é por acaso, portanto, que a primeira música que lancei profissionalmente, em outubro de 2022, tem na letra, no título e no clipe uma homenagem à mulher "arretada"! Também não é à toa que a expressão que escolho para nominar os meus fãs é "meus cajuzins"! Eu nasci no Estado do João Cabral de Melo Neto, da "Morte e Vida Severina", da "Asa Branca" do Luiz

Gonzaga, do Bezerra da Silva, do Lenine, do Alceu Valença, da Duda Beat – meu Deus!

Mas a minha morada no Recife foi curta. Curtíssima, até mesmo para um bebê! Um ano depois do meu nascimento, por motivação profissional, meus pais tiveram de se mudar para Paracatu/MG. E eu, claro, do alto do meu um aninho de idade, dormi com o ritmo do maracatu e acordei nas Minas Gerais. Mas o pão de queijo ainda estava no forno quando a minha mineirice já chegava ao fim, na cadeirinha do carro dos meus pais, rumo a Brasília/DF! E nem deu tempo para eu conhecer o Milton Nascimento! Nem pegar uma balada com a (linda!) Marina Sena!

Em Brasília, a minha história já foi mais longa, dos dois aos sete anos. Foi na Capital federal que eu cursei o meu maternal e, o mais importante, onde fiz os meus primeiros amiguinhos, muitos deles grandes amigos até hoje. Foi também naquela cidade que eu vivenciei o que considero a primeira "manifestação da veia de artista" da minha vida. Foi aos três anos de idade, quando a minha mãe me matriculou na Escola de Balé Clássico Norma Lilian, instituição que foi importantíssima na minha formação artística, e também nos meus primeiros passos rumo à paixão pela dança. Pelo menos segundo a minha percepção, eu não tenho dúvida: a minha história com a arte começa com a dança, no balé clássico. Por isso, não canso de repetir: eu vim da dança, sou cria da dança, a dança é o meu alicerce, a minha maior base – me dá força pronunciar isso! Nem se eu quisesse – e eu não quero! –, conseguiria fugir dessa realidade. E foi assim que, dos três aos seis anos de idade, eu contava as horas para chegar à escola da professora Norma!

De onde veio essa "paixão"?

Mais uma vez, porém, eu tive de dar uma saidinha de Brasília! Um pouco antes dos meus sete anos de idade, minha mãe foi nomeada para o cargo público de perita contábil da Polícia Federal, com lotação inicial em São Luís/MA. E lá se vai a Ananda para a Capital do bumba-meu-boi! Mudamos, às pressas, para São Luís, e lá continuei com o meu balé clássico. Foi nessa época que eu e minha mãe ouvimos falar pela primeira vez que eu tinha o perfil para o balé do Bolshoi, escola russa respeitadíssima em todo o mundo. Ouvimos também que o teste para ingresso nessa escola era periodicamente realizado em Joinville/SC, cidade da única filial do Bolshoi fora da Rússia.

Depois de aproximadamente um ano morando em São Luís, retornamos para Brasília. Mas a anunciação do Bolshoi, revelada no Maranhão, foi na nossa bagagem, e aquela sementinha foi plantada na minha imaginação, nos sonhos lúdicos de uma guria de sete anos de idade: "será que eu conseguiria mesmo ingressar no Bolshoi?".

Enquanto o sonho não se realizava, voltei ao meu dia a dia típico na Capital federal, cursando o colégio regular e, duas vezes por semana, correndo até a escola de balé da professora Norma, para dançar, dançar e dançar – tudo o que eu queria nessa vida!

Mas o tempo passa, o tempo voa, e já aos oito anos eu acordei em Joinville para participar do processo seletivo do Bolshoi. Ali, um mundo completamente novo se abria para mim, na capital da dança do Brasil, palco do maior festival de dança do mundo e, claro, cidade da única escola do Bolshoi fora da Rússia no mundo! Eu passei no teste, e o Bolshoi, então, mudou a minha vida. Sem dúvida, ele foi a minha maior referência, o maior marco da minha formação artística. Permaneci até os quinze anos, mas o Bolshoi estará em mim, *forever*! No meu caminhar, na minha disciplina, na resiliência diante dos inevitáveis obstáculos e, claro, em todos os passos de dança dos clipes das minhas músicas e das coreografias dos meus shows.

> **O Bolshoi foi a minha maior referência, o maior marco da minha formação artística.**

Pois é, a arte tem dessas coisas: eu estive no Bolshoi durante cinco anos, mas o Bolshoi estará comigo por toda a minha vida! Tanto isso é verdade que, por ora, não falemos mais dele! Falemos, agora, dos meus passos seguintes, no período pós-Bolshoi, quando saí da escola e me mudei de Joinville – a razão para esse "suspense" é que, mais adiante nesta obra, eu dedicarei um capítulo inteiro ao meu período Bolshoi.

Concluído esse ciclo, retornei para Brasília, para morar com a minha mãe, onde iniciei um novo período na minha vida, de pouco movimento, já que praticamente só cursava o ensino regular. Nada mais que isso. Nada de balé, nada de música, nada de arte. Do Bolshoi, nesse período, só a bulimia que continuava presente (falaremos sobre "ela" mais adiante). Embora não houvesse mais pressão externa pela estética, eu não conseguia me sentir magra, qualquer que fosse o meu peso, era como se parte de mim continuasse presa aos padrões, às cobranças e à competitividade do Bolshoi – e esse triste estado perdurou até os meus vinte anos.

Finalmente, chegamos à Cidade Maravilhosa! A minha mãe teve uma oportunidade de trabalho no Rio de Janeiro, relacionada à realização dos ditos grandes eventos no Brasil – Olimpíadas e Copa do Mundo de Futebol –, e eu, de carona, me empolguei com a oportunidade de ter na pele, o gosto do mar. Já na cidade do Rio, o meu reencontro com a arte se deu pelo teatro, quando ingressei na escola de teatro Wolf Maya, ex-diretor da Globo. Mas eu só consegui permanecer no curso por um ano, e a desistência no meio do caminho foi motivada por uma distorção de imagem, provavelmente motivada pela bulimia; como o curso envolvia preparação para televisão, éramos constantemente filmados e em seguida revisávamos as nossas cenas na tela; e aí eu não suportei mais: quando eu me via na tela, sentia-me péssima, por me achar uma baleia, de tão gorducha! Definitivamente, eu não conseguia me ver na televisão!

Quando eu desisti do Wolf Maya, cheguei para a minha mãe e jurei que não queria mais ouvir falar em viver da arte na minha vida! O segundo abandono da arte me fez querer uma carreira ortodoxa, a mais estável possível. Cheguei a pensar em prestar concurso público de nível médio. Cansei das minhas frustrações na arte! Comecei pensando em cursar Direito, mas no meio do caminho tive uma ideia: "quer saber, agora eu vou emagrecer com a minha própria dieta; para isso, vou cursar nutrição!". Comecei o curso de nutrição, dando vida à minha estratégia "genial" para vencer a bulimia, mas desisti depois de três semestres cursados. Senti-me perdida – Direito? Nutrição? Medicina? Qualquer coisa, menos a arte!

Mas a arte não desistiu de mim. Nem eu resisti a ela. Durante o curso de teatro do Wolf Maya, em que eu brigava com a minha imagem na tela, aconteceu algo muito especial para mim: a minha vontade de cantar voltou, forte! Num daqueles tais encontros da vida, a minha mãe lembrou de uma amiga que é muito próxima de um famoso professor de canto do Rio, o Diego Timbó. Contatos feitos, comecei a fazer aula com ele, por *hobby*, e também para aperfeiçoar a técnica do meu canto. Estava eu, novamente, pela terceira vez, tentando me reencontrar com a arte. E foi nesse período que eu comecei a descobrir em mim musicalidades que eu nem imaginava que possuía...

Durante esse reencontro, numa bela noite de sábado, recebi uma ligação de uma amiga, me contando que havia terminado o namoro com um cara que, com o passar do tempo, se mostrou um canalha, mega tóxico: "bora beber, escolha o bar, me diga onde é que eu vou", gritou! Inspirada nessa conversa, compus a minha primeira música, "levanta o copo", que, em homenagem a ela, começa com a frase "escolha o bar, é só dizer que eu vou"! Nascia, ali, a Ananda Paixão compositora, coisa que eu nunca havia imaginado, já que, na música, sempre me vi somente como intérprete.

> A arte não desistiu de mim. Nem eu resisti a ela.

O Timbó amou a música, e me convidou para produzi-la com três grandes produtores do Rio – o Pablo Bispo, o Ruxell e o Sérgio Santos, este último então namorado da Iza, de quem eu já era muito fã. A produção ficou linda, saí do estúdio plenamente encantada, apaixonada pelo resultado – mas e agora? O que fazer? Como lançá-la nas plataformas de *streaming*? Como fazê-la chegar às rádios e baladas do país? Quem bancará o clipe? Como divulgá-la nas redes sociais? Desta vez, a desistência não foi pela bulimia; foi pela falta de estrutura financeira e apoio artístico mesmo! Frustradíssima, puta da vida, engavetei a música, voltei à ortodoxia e – depois de, novamente, jurar para minha mãe que nunca mais faria coisa alguma no mundo da arte! – entrei num cursinho preparatório para faculdade de medicina. Agora vai, decidi.

Mas não é que a arte bateu à porta novamente? Estudei para o vestibular de medicina como nunca havia estudado na vida, fui aprovada, fui até a universidade com a minha mãe, fizemos a matrícula no curso, e então minha mãe quase me mata do coração! O diálogo foi este, lembro como se fosse hoje: "Ananda, você se lembra do meu amigo Vicente Paulo, que frequentava a nossa casa de Brasília quando morávamos lá? / Claro, mãe, aquele que foi à minha festa de quinze anos em Joinville, na época do Bolshoi. / Pois é, ele me ligou, disse-me que ele e uma amiga estão abrindo uma empresa para investir no ramo da música e do entretenimento e que, caso você ainda tenha interesse pela música, eles estão prontos para investir na sua carreira, de modo profissional. / Como a empresa do Vicente e da amiga dele quer, tipo, me empresariar? / Isso, filha, isso mesmo". Corta!

No parágrafo precedente, eu dei um corte no diálogo porque, com a notícia, fiquei em estado de choque, quase surtei, comecei a gritar, a rir, a chorar, a berrar todos os palavrões desse mundo – e, claro, diante dessa reação incontida, a pobre da minha mãe não teve sequer reação: voltamos à universidade e trancamos a minha matrícula do curso de medicina, ainda quente! Peguei o telefone e liguei para o meu pai: "pai, eu sei que acertamos que eu faria medicina, e chega de brincar de arte; mas, agora, pai, estou vendo um cavalo selvagem, de ouro, passando aqui na minha frente, e sinto que se eu não o pegar, não montar nele agora, ele nunca mais tornará a passar"! Pai e mãe convencidos, corri e iniciei com a Anabelle e o Vicente Paulo a nossa aventura pela música...

Com a iniciativa do Vicente Paulo, e com a posterior contratação de equipes parceiras – de gestão artística de carreira, marketing digital, produção de músicas e clipes, fonoaudióloga e *vocal coach* etc. –, chegaram a estrutura e o apoio que eu tanto sonhava. Quatro anos depois, continuamos trabalhando muito, unidos, firmes e fortes no nosso projeto musical – "sem pressa, mas tentando fazer o melhor em cada uma das fases", como reza o mantra do Vicente. É certo que nesse período fomos obrigados a enfrentar alguns imprevisíveis desafios – o distanciamento social e a crise no setor da música impostos pela pandemia, o surgimento do meu câncer, o falecimento de um irmão querido –, mas, em compensação, também é certo que, a cada dia, sentimo-nos mais confiantes, mais amigos, mais cúmplices e sonhadores nessa longa e linda aventura que iniciamos em 2020 – e que, acredito firmemente, está apenas começando!

Pronto! Acredito que, agora, você já tenha condições de ler esta obra sabendo quem é, e de onde veio essa Ananda Paixão! E também, quando ouvir falar de mim por aí (eu tenho trabalhado muito para que você ouça bastante o meu nome no mundo da música!), você já terá, pelo menos, uma pequena ideia de quem é esta menina!

Pera aí, faltou uma coisa: tudo bem, a menina Ananda, colorida e apaixonada pela vida, veio do Recife; mas e o sobrenome "Paixão", veio de onde? Muita gente pensa que é o tal meu "nome artístico", criado por algum marqueteiro romântico! Mas não! Veio da família do meu pai, que, como brinco, tem "paixão" até no nome! Tem Talis Paixão. Tem Tharyk Paixão. Maria Clara Paixão etc. Imagine, gente, que coisa mais bonita: num almoço da minha família, nunca falta amor, tem paixão por todo canto!

2

Uma família musical, de não músicos!

A minha paixão pela música veio de família. Nas famílias da minha mãe e do meu pai está cheio de apaixonados por música, gente que sempre viu nessa arte motivos para celebrar a vida, para receber pessoas queridas em dias de casa cheia, com gente saindo pelo ladrão! Mas ninguém é músico, no sentido de "viver da música"!

Verdade. Embora não exista uma só pessoa que tenha se dedicado profissionalmente e trabalhado diretamente com o ramo artístico, a música sempre esteve presente na minha casa. Meu avô materno é caminhoneiro, os meus tios também rodam esse Brasil, com uma sanfona no colo! Meu avô é o sanfoneiro oficial, um tio toca triângulo, outro um pandeiro, uma tia arranha um violão – e a nossa casa é transformada em música.

Literalmente, ninguém fica de fora! E quem está descansando, aproveita para dançar!

A minha intimidade com a câmera, para interpretar com naturalidade? Ora, veio da minha mãe, que sonhava em ser atriz (e que atriz linda ela teria sido, meu Deus!). Minha mãe é uma artista nata, e multifacetada: contadora de causos, é capaz de transformar um reles fato do cotidiano numa piada de doer a barriga dos ouvintes de tanto rir! Não tem jeito: a estrela dela brilha por onde passa, e se ela um dia caísse de paraquedas na Praça Vermelha, em Moscou, eu não tenho dúvida: em questão de minutos, ela faria amizades, beberia muita vodca e faria os russos ali presentes rirem como nunca em suas vidas – isso tudo, claro, sem falar um só vocábulo em russo! Peço aqui licença para copiar – e homenagear – o saudoso e eternamente querido Paulo Gustavo: se a mãe dele é uma peça, a minha é uma comédia, figuraça! Oh, querida Dona Déa, que filho lindo a senhora nos deu! Quantas pessoas nesse nosso Brasil não choraram de tanto rir com a Dona Hermínia?

Ora, é evidente que tudo isso me influenciou muito, dia e noite! Se é verdade que eu não tive a oportunidade de conviver diretamente com grandes nomes da música brasileira – quem não gostaria de ter sido do berço do Gil, do Caetano e da Bethânia, da Gal, do Chico Buarque, do Milton Nascimento, do Tom Jobim, do João Gilberto ou do Vinícius de Moraes?! –, também é certo que eu tive em toda a minha infância o privilégio de participar de uma "grande orquestra" familiar, regida por um carinhoso avô sanfoneiro, caminhoneiro de profissão. Mas sanfoneiro, de paixão! E nessa orquestra, o afeto, a humildade, a empatia, a alegria, a vontade de celebrar a vida – tudo isso veio se somar à minha formação no balé clássico e contemporâneo do Bolshoi. E haja amor, e orgulho de integrar essa linda orquestra! Por isso, um dos meus maiores sonhos, já devidamente ajustado com o meu empresário, programado para se realizar assim que eu começar a fazer grandes shows pelo Brasil, é ter o meu avô paterno num show, me conduzindo com a sua sanfona (que já me trouxe tanto afeto, tanto amor, tanto dengo). Meu Vovô Vito, tenha força nessa condução, pois não vai ser fácil eu segurar as lágrimas e conseguir cantar alguma coisa nesse dia!

> Tive em toda a minha infância o privilégio de participar de uma "grande orquestra" familiar, regida por um carinhoso avô sanfoneiro, caminhoneiro de profissão.

Essa mesma orquestra afetuosa é, também, muito religiosa, de muita fé em Deus – outra frente que, naqueles momentos mais dolorosos da minha vida, teve uma importância ímpar no processo de cura do meu câncer. Mas sobre isso falaremos em outro capítulo desta obra, pois essa galera merece a homenagem em dose dupla – e outras famílias também merecem saber

Uma família musical, de não músicos!

o quanto o apoio e o afeto familiar são importantes para um paciente em tratamento de câncer.

Agora, um parêntese inusitado, para responder à seguinte pergunta, que vira e mexe me fazem por aí: em que momento essa veia artística da família se manifestou, pela primeira vez, na Ananda Paixão? A minha memória de infância me diz que foi um pouco antes da ida para o Bolshoi, num momento em que a minha mãe – sempre ela! – resolveu fazer o primeiro investimento na minha carreira de artista. Cansada de me ouvir desafinar no banco de trás do carro, ela fez a minha inscrição para um teste de uma peça musical de teatro, em que a personagem, além de interpretar, cantava muito. Corri, então, num ritmo de uma prova de 100 metros livres, para fazer um curso de canto com o professor Francisco Bento, irmão da minha professora de balé clássico, na escola da "tia" Norma Lilian.

E como um presente de Deus, nesse meu corre-corre despretensioso aconteceu algo muito especial e relevante para a minha formação musical: eu fui muito bem acolhida, abraçada mesmo pelo professor Francisco Bento e, ao final, eu já conhecia o potencial da minha voz, e também os meus limites no canto; é pouco crível o que vou dizer, mas é fato: em meio àquele corre-corre de dois meses, mirando o tal teste do musical, ele conseguiu me ensinar a cantar canto lírico. Daí, como o lírico é a base para quase tudo na música, o fato é que eu dei com o professor Bento os primeiros passos na minha formação musical, e muito do que eu sei e uso hoje na minha carreira – controle da respiração, uso correto do diafragma, abertura das costelas etc. – começou com ele. Gratidão, mestre Bento!

Anote-se que eu afirmei no parágrafo anterior que o lírico é a base para "quase" tudo na música. Veja, foi dito "quase" tudo; eu não disse para "tudo" na música! Dois meses depois, fomos, minha mãe e eu, para São Paulo, Capital, fazer o teste para o musical, uma adaptação de Peter Pan. Foi então que eu descobri que esse "quase" fazia uma grande diferença! Em síntese, o teste era dividido em três etapas: na primeira fase, dança; na segunda, canto; e, na terceira, a atuação propriamente dita. Não tive dificuldade alguma na primeira fase (dança), consegui passar na segunda (cantei "Aurora", canção de "A Bela Adormecida") e, então, fui mais confiante do que nunca para a terceira fase. Neste momento, porém, como já ensinava o poeta, eu vi que havia uma pedra (um "quase"?!) no meio do caminho! E, aqui, eu não possuía *background* algum para superar o tal "quase"!

Ora, gente, eu era uma menininha de oito anos, que só havia tido contato com o canto lírico; logo, para mim, tudo era canto lírico! Se me pedissem para cantar um rock pesado, o resultado certamente seria um *heavy* lírico! Um funk? Sairia um funk lírico, na certa! E foi o que aconteceu: me pediram pra cantar "atirei o pau no gato" e, claro, eu soltei o meu vozeirão num canto lírico muito bem entoado – e patético! Meu Deus, foi um tal de "aaaatireeeeei o paaaaau no gatuuuuu, queeeee o gaaaaaaatoooo", que fez trincar as janelas de vidro do auditório!

Bem, como eles certamente procuravam uma criança mais solta, menos "erudita", eu fui reprovada na terceira fase, e saí dali em prantos com a minha mãe, deixando para trás a minha incompreendida erudição lírica e um vale de lágrimas diante de "tanta injustiça"! No carro, já recuperada da derrota nessa batalha lírica, cantei novamente a canção "atirei o pau no gato" para a minha mãe, e ela amou, chegou a chorar de encanto – o que, claro, para mim, fez dela uma eterna suspeita quando o assunto é opinar sobre a performance da filha!

3

A minha (intensa) vida no Bolshoi!

Resolvi dedicar um capítulo inteiro ao Bolshoi porque, como eu disse antes, essa escola foi a mais importante na minha formação artística como um todo – e para muito além da dança. E também porque foi nesse período que surgiu a dificuldade para equilibrar as emoções diante de duas forças então muito intensas dentro de mim: de um lado, a minha pressão permanente para me manter na perfeita forma física exigida para uma dançaria de balé; de outro, o desafio de manter essa perfeição física em plena adolescência, com os hormônios (e seus desejos e suas instabilidades!) à flor da pele, e com toda a fome do mundo!

Durante a minha segunda estada em Brasília – entre sete e oito anos –, eu amava dançar. Eu só queria dançar, aprender novos passinhos e me divertir com isso, já saía correndo do carro da minha mãe, prontinha, de cabelo preso, roupinha e sapatilhas próprias, para não perder um minuto da aula de balé clássico, na escola da Norma Lílian! Olhando de hoje, tenho a sensação de que, se aquela rotina de "brincar de dançar" na "tia" Norma se eternizasse, eu não quereria mais nada da vida – só a dança!

Mas o lúdico ficou para trás, e partimos rumo ao Bolshoi, de mala e cuia!

Saímos de Brasília para Joinville – eu, meu pai e minha mãe – no mesmo tempo em que crianças de todo o mundo também deixavam suas casas e partiam em busca do sonho do ingresso no Bolshoi. Naquele momento, com os meus oito anos de idade, eu não fazia a menor ideia, não me dava conta mesmo do que aquela atitude poderia significar na minha vida – para o bem, ou para o mal (mal, aqui, no sentido dos hercúleos desafios a serem enfrentados).

Na verdade, olhando hoje para aquele momento – parte lúdico, parte tenso – eu ainda acho uma loucura uma menina de apenas oito anos se submeter a uma epopeia dessa envergadura! Mas o fato é que eu me submeti, e sobrevivi. O lado lúdico de tudo é que, no meio daquela confusão toda – a saída de Brasília, a chegada a uma cidade estranha etc. –, o que eu queria mesmo era dançar, e dançar, e dançar, e me divertir com isso! Lembro que, durante a viagem, quando as araucárias do sul já refletiam o seu verde no vidro do carro e o meu pai dizia que estávamos perto, eu só pensava: "que legal, vou dançar no Bolshoi, fazer novos amiguinhos, me divertir muito, que coisa maneira, por que não?!".

Mas o Bolshoi não é uma escola de *hobby*, voltada para a recreação, como existem tantas por aí (e, claro, não há mal algum na existência das escolas recreacionais, só o foco é que muda). O Bolshoi é uma escola de balé clássico e contemporâneo que busca a formação profissional, com um objetivo claro e levado muito a sério, com rigor técnico permanente: depois de oito longos anos de estudos e práticas, entregar um dançarino profissional, de altíssimo nível técnico, pronto para atuar em qualquer parte do mundo (ou, em certas condições, para continuar como bailarino profissional do próprio balé do Bolshoi). Por essas e outras, mesmo na infância, o fato é que logo, logo os dançarinos e as dançarinas mirins já percebem que o rolê ali era coisa séria, e menos para brincar de dançar e fazer amiguinhos, como eu imaginava!

O Bolshoi é uma escola completa de dança, que funciona como outras escolas tradicionais quaisquer, com uma grade escolar conhecida e na qual, às vezes, os alunos passam cinco, seis ou até oito horas diárias por conta dos estudos. Essa grade escolar, para quem, como eu, paralelamente, ainda tinha de frequentar um colégio tradicional (língua portuguesa, matemática, química etc.), acredite, exige uma dedicação quase sobre-humana. São oito anos de intensa dedicação à dança, visando à profissionalização; nem o curso de medicina no Brasil exige tantos anos para graduar um médico!

Comecemos pelo processo seletivo. Eu não conhecia Joinville, nunca tinha ouvido falar na cidade, já que eu era uma criança de oito anos. De repente, lá estava eu, para participar da seleção do Bolshoi, que reúne milhares (isso mesmo, milhares!) de candidatos de todo o mundo! Bora dançar, Ananda!

Naquela época, o meu processo seletivo foi dividido em três fases, bem distintas: fase médica, em que médicos, fisioterapeutas e outros profissionais especializados em saúde examinam a sua habilitação fisiológica para a dança, para o ingresso no seleto grupo do Bolshoi; fase de dança individual, em que os professores observam as habilidades, potencialidades e limitações dos candidatos para a dança; e a fase de dança coletiva, em que todas as crianças dançam juntas, com os professores examinadores ali, observando, comparando-as e fazendo as suas anotações, para a votação na seleção final.

E como eu, Ananda Paixão, me saí em cada uma das fases? Na minha simplicidade de uma guria de oito anos de idade, concluí que eu havia sido aprovada na 1ª e 2ª fases, já que, em seguida, fui convocada para a 3ª. Simples assim! Ah, minha gente, mas na terceira fase, na tal fase coletiva, eu me empolguei, pirei o cabeção, soltei a franga e fiz os professores do Bolshoi irem para o Sambódromo da Marquês de Sapucaí, no Rio de Janeiro!

Como assim, no Sambódromo? Não era balé, em Joinville? Ora, disso eu lembro como se houvesse me acontecido ontem! Enquanto esperávamos pelo óbvio, tipo Mozart, Tchaikovski ou Bach, os professores, para nos surpreender, colocaram um samba (isso mesmo, um samba na seleção para o Bolshoi!)! Ora, eu pensei: "gente, que coisa animada, tá igual lá em casa; tá, eu vou é dançar muito"! Dancei, dancei, o samba acabou e eu continuei sambando, sem música alguma, alguns professores já estavam até rindo de mim, e eu ali, sem constrangimento algum, dançando que só. Afinal, na minha cabeça, era isso que eu tinha ido fazer ali – dançar! E o samba, sempre presente nas festanças da minha família, veio a calhar! Arrisco a dizer que eu tenha sido a sambista mirim destaque do Bolshoi! Foi assim, literalmente sambando, que eu fiquei sabendo, uns cinco dias depois dos testes, que eu havia sido aprovada para o balé do Bolshoi!

Inicialmente, não se falou em *ranking* entre as aprovadas, o que eu achei consolador. Eu já estava triste diante de tanto choro das candidatas eliminadas (centenas delas, em choro uníssono, embora de países, culturas e línguas diferentes!), e a minha insegurança dizia que não seria uma boa ideia saber que – salva pelo samba! – eu poderia ter sido uma das últimas classificadas naquela seleção. Mas, num segundo momento, anunciaram a classificação geral dos candidatos e eu fui novamente surpreendida: eu havia ganhado uma bolsa de estudos de um ano, por ter sido a 1ª colocada da minha turma de ingresso no Bolshoi! Meu Deus, como eu gritei, sambei, comemorei com os meus pais, sambei de novo, mas também chorei, chorei e chorei de emoção! Culpa do samba, claro! Ah, esse samba!

No ano seguinte, já com nove anos completos, mudei-me para Joinville e fui, agora formalmente, com pompa e solenidades, admitida na escola do Bolshoi. Meu Deus, quanta alegria, mal conseguia dormir!

Mas a minha mudança para Joinville se deu num período muito difícil, por dois motivos. Primeiro, pela despedida dos meus primeiros amiguinhos, de Brasília. Segundo, pelo fato de os meus pais estarem, naquele momento, no processo de separação deles, com o divórcio logo ali na frente. Em Brasília, eu morava com os meus pais juntos, na mesma casa, e tinha os meus primeiros amiguinhos queridos nas escolas que eu frequentava; em Joinville, eu viveria somente com o meu pai, a minha mãe permaneceria em Brasília, a uma distância de mais de 1.500 km, e sem amiguinho algum! Na real, não foi fácil. Muita informação para uma guria de nove anos!

A minha (intensa) vida no Bolshoi!

Morei só com o meu pai dos nove aos quinze anos (com exceção de sete meses, em que morei com outra família), um período – término da infância e início da adolescência – que, sabemos, não é fácil para existência alguma, devido às grandes transformações – hormonais, fisiológicas, emocionais etc. – pelas quais passamos. Refiro-me a esse período de cinco anos como os mais felizes e, ao mesmo tempo, os mais desafiadores da minha vida! Eu tive de adquirir maturidade rapidamente, de forma abrupta e com muitas turbulências familiares, decorrentes da separação dos meus pais. Imagine isso tudo perambulando pela cabeça de uma pré-adolescente! Além da mudança de cidade, da perda dos amiguinhos de Brasília, da ansiedade pelo ingresso na escola de dança mais famosa do mundo, os meus pais ainda inventam de se separar logo agora? Mas sobrevivi, e hoje enxergo tudo aquilo com serenidade, o famoso faz parte da existência, não temos controle sobre tudo nessa vida. Naquela época, porém, na transição da infância para a adolescência, parecia-me uma tragédia grega.

Como se não bastasse, no meio das turbulências da separação dos meus pais, eu descobri que o Bolshoi não era só uma "escola", que estar ali implicava participar de uma permanente competição – e que, para não ser eliminada do jogo, eu precisaria me tornar uma competidora profissional, completa e voraz! Ora, não é difícil entender o porquê dessa competição: o Bolshoi realiza apresentações glamourosas pelo mundo à fora, e delas só participam aqueles dançarinos que, segundo os padrões do balé, estiverem perfeitos, física e tecnicamente; como evitar um ambiente altamente competitivo num cenário desse? Bem, minha gente, fazer o quê?

Entrei no jogo e me tornei uma competidora ferrenha, de corpo e alma!

> O Bolshoi não era só uma "escola", estar ali implicava participar de uma permanente competição!

E haja competição! Logo descobri que eu pagaria um preço alto por me destacar como dançarina. Desde a segunda semana de Bolshoi, eu já era, sem exagero, o centro de todas as atenções, com fuxicos do tipo "como é baranga essa menina do centro da barra central"! Na 3ª série, eu tirei uma nota 4,8 (a nota máxima era 5). As demais bailarinas não chegaram à nota 4, e eu tirei um 4.8! No momento em que a professora me deu o 4.8, rolou o seguinte diálogo entre mim e ela: "você acaba de tirar um 4.8, você sabe o que isso significa? / Que eu fui muito bem, né? / Não, Ananda, muito mais que isso, significa que, para o Bolshoi, você está a dois décimos da perfeição!". Com esse meu desempenho, e num ambiente altamente competitivo, fui vítima de armadilhas e deslealdades bizarras, inomináveis. Com o intuito meramente didático – isso, hoje, felizmente não me atinge mais! –, descreverei abaixo uma dessas trairagens que, na época, me entristeceu muito.

Momento trairagem! Naquele tempo, a rede social da moda era o Orkut, e, como tudo mundo tinha Orkut, eu também quis ter um para chamar de meu, para passar a "fazer parte da turma". Pedi, então, ajuda a uma amiga mais velha para criar a minha conta. Ela criou, definimos a senha juntas, e tudo certo. Tudo certo até o dia em que eu e meus pais fomos chamados à diretoria do Bolshoi, e lá estava a minha "amiga", em prantos (de crocodilo!) devido às publicações de baixíssimo nível – piranha e vagabunda eram os vocábulos mais leves! – que "eu" havia feito na minha página do Orkut contra ela! Traduzindo: como, na minha inocência, eu não havia alterado a senha por ela criada para a minha conta, ela entrou no meu Orkut e publicou aquela baixaria toda contra ela, no intuito de me incriminar! Como não há crime perfeito, ela exagerou no palavreado chulo e, felizmente, os meus pais e a diretoria do Bolshoi não tiveram dúvida de que aquela baixaria linguística toda não poderia ter saído de mim, e que não passava de uma armação. E assim eu perdi um pouco da minha inocência, e tive a primeira desilusão com uma "amiga".

Mas o meu maior sofrimento no Bolshoi estava, ainda, por vir. E esse seria muito sério, até então o mais prejudicial à minha saúde, física e mental: a bulimia. Nas minhas vagas lembranças (tenho um bloqueio parcial quanto a isso), tudo começou quando a minha tal "amiga" do Orkut, a personagem da trairagem antes mencionada, e sua galera – todos mais velhos do que eu – começaram a me xingar de feia, baranga e outras bondades dessa natureza. Esses xingamentos começaram a afetar a minha autoestima, e eu comecei a me achar obesa, feia, mesmo ostentando os meus permanentes cinquenta e poucos quilos!

No balé, pelo mundo, não tem jeito! Quem disser o contrário estará faltando com a verdade! Que verdade? Ora, o fato que o balé clássico é uma arte que fiscaliza diuturnamente o bom relacionamento das dançarinas com a balança. Os padrões estabelecidos para peso e medidas são rigorosíssimos e podem ser exigidos periodicamente, a qualquer momento. Sério, gente, não há nem discrição, é tudo público, transparência máxima entre todas as alunas, quem está com 45 quilos, ou quem (credo!) já passou dos cinquenta quilos! Como são padrões internacionalmente estabelecidos, para o balé no mundo, há, ainda, um fator dificultador: eles são muito distantes do biotipo da maioria das brasileiras (no meu caso, então, nem se fala, pois entre uma russa e a Gabriela do Jorge Amado, certamente eu estou mais para o biótipo desta última!). Mas não há flexibilidade alguma: a cobrança pelo padrão estético ali definido é direta, explícita, sem roldeio algum. Tá acima do peso, tá fora!

Moral da história: depois da terceira série, a minha relação com a comida ficou doentia, o prazer foi substituído pela obrigação, comecei a tomar excessivo cuidado com o que eu comia, e o processo culminou numa bulimia. Ia a um restaurante japonês, e depois vomitava! Matava toda a minha fome com massas maravilhosas, e vomitava! E vai um hambúrguer gigante, e lá estava o dedo na goela novamente! Na verdade, dos doze aos vinte anos de idade, a bulimia sempre me acompanhou, o que mudava era o grau do distúrbio de cada período. Ah, por favor, não pense que eu e/ou o Bolshoi somos casos isolados! De modo algum; os rígidos padrões de estética e os distúrbios que eles podem desencadear nos dançarinos se repetem pelo mundo, nas mais diferentes escolas de dança. Não é por outro motivo que essa realidade é muito abordada em escritos, documentários e filmes – em "Cisne Negro", por exemplo. Não precisa nem ir longe, se você "der um Google" e procurar por "balé, bulimia e distúrbio de imagem", desconfio de que você terá material para leitura por um bom tempo – e, quem sabe, você até encontre alguma amiga minha por lá, enfiando o dedo na goela!

> O balé clássico é uma arte que fiscaliza diuturnamente o bom relacionamento das dançarinas com a balança. Minha relação com a comida ficou doentia, o prazer foi substituído pela obrigação, comecei a tomar excessivo cuidado com o que eu comia, e o processo culminou numa bulimia.

Na real, a bulimia quase me levou ao alcoolismo, de tanto beber – para me "distrair", e não ser "obrigada" a comer! Fiz as mais variadas dietas – da sopa, a líquida, a de proteína etc. –, e não demorou muito para que eu chegasse aos medicamentos tarja preta. No meu 5º ano de Bolshoi, tamanha era a complexidade dos meus distúrbios alimentares, que eu perdi o controle, e o resultado foi eu ultrapassar a linha amarela, e ingressar na temida "linha vermelha", que, além de outras consequências emocionais nefastas, implicava ser excluída de todos os elencos, mesmo com o precedente de ter sido sempre escalada para os melhores papéis nos quatro anos anteriores. Depois de quatro anos no topo, os meus distúrbios me levaram do auge dos palcos à lona!

Logo depois de completar os meus quinze anos de idade, simplesmente fui embora do Bolshoi, não falei com ninguém, fui sem deixar rastro, sem ligar, e até hoje nunca mais pisei numa escola de balé! Um fim melancólico, não por insuficiência técnica, mas pela difícil relação com a comida, pelo ganho de alguns gramas a mais que o permitido! Maldita pressão estética, meu Deus! Até quando esses padrões definidos em séculos passados, que só a vaidade de uma meia dúzia de cartolas reconhece, serão mantidos? Quantas carreiras proeminentes ainda precisarão ser encerradas em razão de distúrbios alimentares e emocionais, em consequência dessa pressão estética? Além da vaidade dessa meia dúzia de influentes do balé, a quem interessa isso?

Concluo, aqui, o ciclo Bolshoi. Mas me sinto na obrigação de esclarecer, novamente, alguns poucos – porém importantes – pontos. Eu não elaborei este longo capítulo dedicado ao Bolshoi por vaidade, para mostrar que eu sou a bambambã da dança. Muito menos para expor supostos ressentimentos meus frente ao Bolshoi (coisa que, aliás, eu não tenho; muito pelo contrário, só tenho gratidão). Eu quis retratar essa minha relação com balé pelos dois motivos abaixo, que, a meu ver, são da mesma grandeza de importância na nossa atualidade.

A primeira motivação é a necessidade que eu vejo de, pelo menos, falarmos sobre o rígido padrão estético que impera no balé. E aqui, novamente, que fique claro, eu não estou me referindo somente ao Bolshoi, é um padrão do balé pelo mundo. Certa vez, li uma matéria em que uma bailarina de uma companhia de dança de Nova Iorque, EUA, relatava algo assim: "ora, eu fui a bailarina principal do espetáculo; todos amaram o espetáculo, o que ficou explícito no término da apresentação, nos mais de cinco minutos ininterruptos de aplausos do público, todos de pé; depois desses cinco minutos de aplausos ao espetáculo, todo o teatro gritou o meu nome, o que também demonstra que gostaram da minha apresentação; no dia seguinte, um domingo, passei o dia lendo as críticas e matérias diversas sobre a estreia do espetáculo, e quase morri de tanta felicidade, senti-me plenamente realizada ao verificar que todos os jornais de renome de Nova Iorque fizeram o mesmo elogio duplo: para o espetáculo como um todo, e também para a minha performance; na terça-feira seguinte, porém, no meu primeiro encontro com o diretor depois do teatro, ele não titubeou, foi cruel e direto: 'ficou muito lindo o espetáculo, parabéns; mas nós dois sabemos que poderia ter sido melhor, se você estivesse no seu peso adequado".

Gente, a quem serve uma crueldade dessas? Quem tem o segredo desse peso "adequado"? Que arte é essa, em que o público ama o espetáculo, aplaude-o de pé por mais de cinco minutos, grita o nome da dançaria principal – em retribuição à beleza, à técnica e ao empenho dela na apresentação –, a crítica especializada só elogia a beleza do espetáculo e a performance da dançarina, enquanto o diretor – aquele que, mais do que ninguém, deveria motivar a equipe! – só consegue ver algum peso a mais? Temos que conversar mais sobre isso...

A segunda motivação é o intuito de chamar a atenção dos pais de bailarinos muito jovens – às vezes crianças, como eu, que me mudei para Joinville aos nove anos de idade! – que estejam soltos por aí, nesse lindo mundo que é o balé. Todo o cuidado é pouco. Distúrbios alimentares mesclados com o emocional – bulimia, anorexia, distúrbio de imagem etc. – são comuns, já que o padrão de estética exigido impõe uma preocupação muito grande com o corpo, com o peso, com o percentual de gordura etc., e o caminho (quase) natural termina sendo as dietas da vida, de toda a natureza, e os consequentes problemas psicológicas delas decorrentes.

Enfim, tenham consciência de que os seus filhos dançarinos frequentam um ambiente de alta competitividade, que valoriza muito a estética, o corpo, o peso, as variadas medidas e, portanto, eles estarão muito vulneráveis ao desenvolvimento dessas doenças ligadas – física e emocionalmente – à alimentação. Na real, todo o cuidado com a alimentação é pouco! Acompanhem de perto quem estiver cuidando da alimentação dos seus filhos, conversem, ouçam, observem – e, na dúvida, procurem um apoio médico e psicológico para eles.

> Todo o cuidado com a alimentação é pouco! Acompanhem de perto quem estiver cuidando da alimentação dos seus filhos, conversem, ouçam, observem – e, na dúvida, procurem um apoio médico e psicológico para eles.

4

A descoberta do câncer

Descobri o meu câncer em Brasília, durante uma visita à casa do Vicente Paulo, amigo pessoal da minha família há 23 anos e sócio da empresa Guerreira – Música e Entretenimento, que então iniciava a gestão da minha carreira musical. Tínhamos ido até Brasília a minha mãe, o meu pai e eu, para que a gerente da Guerreira, Anabelle Denega, anunciasse o nome do profissional que havia sido por ela recentemente contratado para, dali por diante, estar ao nosso lado no apoio à gestão artística da minha carreira musical. O novo parceiro foi o Alexandre Rosa – ex-integrante das equipes do Lulu Santos e da Ivete Sangalo –, que compõe a nossa equipe até hoje. Como o momento era de celebração, e toda essa galerinha gosta muito de comer, eu pedi para fazer uma graça, e fui a "chef" da noite!

A descoberta do câncer

Jantamos, rimos, choramos de alegria por estarmos dando aquele importante passo na minha carreira, só alegria!

Mas, lá pelas 22h, eu passei mal, muito mal, fui até o banheiro e expeli uma quantidade gigante de sangue – vermelho, vivo – e muito muco nas fezes. Como eu trazia comigo do Rio um pedido médico para um exame de colonoscopia, na manhã seguinte mesmo eu corri com o meu pai até uma clínica em Brasília, fiz aquele moroso preparo para a colonoscopia e, já no dia seguinte, realizamos o exame. O exame... a colonoscopia... o tal exame que eu já podia ter realizado quase três anos antes, se algum médico o tivesse pedido...

Quando saí da sala do exame, hoje eu sei que o meu pai já sabia do câncer, pois ele estava sentado num canto isolado da sala de espera, desolado, com aquele ar típico de desamparo, e chorando com todas as lágrimas do mundo! Eu só soube no dia seguinte, quando o meu pai, a minha mãe, o Vicente Paulo, o meu namorado da época e eu fomos até a Clínica São Vicente, no Rio de Janeiro. Foi na Clínica que eu perguntei ao Doutor Henry Najman: "doutor, eu estou com câncer?"; e ele, então, com a voz tranquila e serena, me respondeu: "sim, Ananda, você tem um câncer retal num nível muito adiantado, que precisa urgentemente ser tratado".

Esse foi o momento da descoberta do câncer, nos meus 23 anos de idade. Mas hoje eu tenho a impressão de que a minha relação com ele já vinha de longe, desde 2018, e ela só não foi descoberta antes em razão de um misto de negligência médica e um grande bloqueio da minha parte, que fez com que eu não conseguisse falar com ninguém – com ninguém mesmo, nem com a minha mãe! – sobre os sintomas.

Bora então voltar no tempo, e ir lá muito atrás, naquele momento em que, hoje, eu tenho a impressão de que foi quando tudo começou...

Num determinado dia de 2018, eu senti incômodos na região anal e decidi ir a um médico proctologista, na Barra da Tijuca, no Rio de Janeiro. Lembro bem que essa primeira consulta se desenvolveu, mais ou menos, assim: primeiro, as perguntas de praxe: você fuma? / Não. / Bebe bebidas alcoólicas? / Pouco, só socialmente. / Alimentação? / Saudável, muito saudável. / Faz atividade física? / Sim, muitas, de musculação quatro vezes por semana a corridas quase diárias na praia ou no calçadão; em seguida, veio o procedimento de anuscopia, feito ali mesmo, no consultório, e que tem por fim avaliar o canal retal, com vistas a detectar hemorroidas, fissuras anais e outras eventuais lesões no local.

Concluída a anuscopia, o médico retornou à sua mesa e concluiu: "você tem uma pequena hemorroida, que precisa de cuidados paliativos; está mais para uma fissura, um vasinho fissurado, mas já está caminhando para uma hemorroida; esse pequeno sangramento e as idas mais frequentes ao banheiro são decorrentes desse quadro; o tratamento será três banhos de as-

> "Sim, Ananda, você tem um câncer retal num nível muito adiantado, que precisa urgentemente ser tratado".

sento com água morna por dia e o uso da pomada "Proctyl"; feito isso, em poucos dias o desconforto passará, e não haverá mais motivo para se preocupar". Não houve pedido algum de colonoscopia, nem mesmo de um exame de fezes.

Nos dois anos seguintes, fui a dois outros médicos, também na cidade do Rio de Janeiro, e com eles não vamos nem perder tempo! Como eles perguntaram sobre algum precedente e eu, já no início da consulta, mencionei a existência do diagnóstico recebido do proctologista anterior, eles nem alongaram a conversa, foram direto para a anuscopia e, ao final, apenas confirmaram o diagnóstico anterior – sim, você tem uma fissura, como se fosse uma pequena hemorroida – e também repetiram a mesma indicação de tratamento: três banhos de assento de água morna por dia (o famoso bunda na bacia de água morna!), mais um medicamento anti-inflamatório tipo supositório, alegadamente mais eficiente do que a pomada "Proctyl". Novamente, não houve pedido algum de colonoscopia, nem de exame de fezes, nem de qualquer outro exame complementar.

Foi assim que o meu bumbum desenvolveu uma longa relação de intimidade com a bacia de água morna e eu fiquei, durante quase três anos, preocupada somente com a minha "fissura", com a minha "pequena hemorroida". Eu levava a minha pequena bacia escondida na mala em todas as viagens, e era um perrengue encontrar meios, subterfúgios mil para realizar os banhos diários no escondido, para o meu namorado não ver. De tanta intimidade com a minha "hemorroida", passei a chamá-la de "bolhinha no ânus".

Enquanto eu, orientada pelos três médicos, centrava a minha atenção nos cuidados paliativos na minha bolhinha, muito provavelmente o tumor do câncer já existia, e estava crescendo dentro de mim (eu disse "provavelmente", porque ninguém sabe, médico algum tem condições de afirmar com segurança em que dia um determinado câncer começou a se desenvolver!). Eu estava, então, mais preocupada com a questão estética, já que, claro, a bolhinha no ânus gerava vergonha, constrangimento. Imagine que durante uma transa você tenha que interromper o avanço do seu namorado e pedir: "opa, não beija aí não, cuidado com a minha bolhinha no ânus"!

Na real, durante esse período inicial dos sintomas, confesso que eu procurei os dois últimos médicos que mencionei mais pela questão estética, de feminidade e vaidade, e não por preocupação com a doença. Ora, o que eu queria, mesmo, era encontrar um jeito, um remédio, um procedimento qualquer que acabasse com a bolhinha no ânus, para pôr fim aos meus constrangimentos com o meu namorado! Olhando o quadro, hoje, pode parecer muita futilidade, mas o fato é que a bolhinha no ânus e os pequenos sangramentos só apareciam de tempo em tempo, e os banhos de assento de água morna em poucos dias mitigavam o perrengue. Como os três médicos me haviam dito muito claramente que se, com os banhos de assento, a bolhinha desaparecesse não haveria mais motivo algum para eu me preocupar, quando ela ia embora, eu não me preocupava mais, claro!

Esse quadro – bolhinha aparece, com pequenos sangramentos e algumas idas a mais ao banheiro por dia, bunda na água morna, bolhinha desaparece! – permaneceu praticamente o mesmo até o segundo semestre de 2020, quando os meus sintomas tiveram uma sensível piora. Agora, além da velha conhecida bolhinha no ânus, eu também passei a ter muito mais vontade de ir ao banheiro para fazer o número 2, e nessas minhas idas ao banheiro eu percebi que havia um permanente sangramento nas fezes (inicialmente, era um sangue vermelho escuro, parecido com o de menstruação). Mas novamente, como o meu calcanhar de Aquiles continuava sendo o incômodo – e a vergonha – da bolhinha, eu não dava muita atenção aos demais sintomas, e creditava tudo à "sacanagem" da dita cuja!

> O fato é que a bolhinha no ânus e os pequenos sangramentos só apareciam de tempo em tempo, e os banhos de assento de água morna em poucos dias mitigavam o perrengue.

Porém, de agosto até dezembro de 2020, o meu quadro piorou muito, e a bolhinha começou a perder a sua proeminência para o sangramento (que aumentou muito de volume, e passou a ser sangue vivo) e as idas diárias ao banheiro, que forram aumentando de quatro para seis, de seis para oito, de oito para doze – e, em meados de dezembro, já estavam entre quinze e vinte idas! Eu tenho até vergonha de relatar isso, mas o fato é que, mesmo diante dessa piora, a minha maior preocupação continuava sendo a bolhinha, pois o réveillon estava chegando, e eu só pensava em como seria a virada de ano com o meu novo namorado e uma galera de amigos. "Meu Deus, como eu vou esconder essa bacia e todos esses sintomas do meu *boy*"? – era esse o meu maior sofrimento!

O dezembro de 2020 foi um marco importante nesse longo período de desenvolvimento da minha doença, e também na minha forma de encará-la. Se até então os três médicos haviam me dado segurança de que eu só tinha uma hemorroida a ser tratada com banhos de assento, a partir de dezembro de 2020 eu mudei de postura e passei a encarar o meu estado como uma doença que já se prolongava no tempo e que, provavelmente, mereceria, dali por diante, um tratamento mais efetivo, para além dos banhos de assento de água morna!

Desde o início de dezembro, eu já estava para lá de incomodada. Os sintomas surgiam com maior frequência, e muito mais intensos, e o sangramento também aumentou significativamente – no volume, e na frequência em que aparecia. Eu ia ao banheiro entre quinze e vinte vezes por dia, e notei um novo sintoma: além do sangramento, em sangue vivo, eu passei também a ter uma espécie de muco nas fezes (um muco meio amarelado, com parte esbranquiçada, com a densidade de uma meleca mole de nariz). O que está acontecendo comigo?

Na real, eu sei que não é fácil acreditar, mais difícil ainda entender, mas o fato é que até dezembro de 2020 só eu, Ananda Paixão, sabia de todos esses perrengues por mim vividos nos últimos três anos, que começaram com o primeiro incômodo na famigerada bolhinha no ânus, e agora já se expandiram para vinte idas diárias ao banheiro, com sangue vivo e muco esbranquiçado nas fezes. Como? Só na véspera do réveillon que você, Ananda, tomou coragem e contou para alguém? Quê? Eu não contei nada! Continuei ali, como uma estátua do silêncio, administrando todos esses sintomas, às escondidas, para não estragar a festa, para não deixar de ser a menina perfeita!

> Continuei ali, como uma estátua do silêncio, administrando todos esses sintomas, às escondidas, para não estragar a festa, para não deixar de ser a menina perfeita!

Mas como não há crime que não deixe algum rastro, num belo dia de sol, ainda nesse dezembro de 2020, bem na véspera da viagem para o réveillon na Bahia, o meu namorado me pegou no flagra. Do nada, ele saiu do banheiro, foi até o quarto onde eu estava lendo, e me perguntou, na lata: "Ananda, você está menstruada? Eu não sabia". Eu disse a ele, firmemente, que não. Então ele, discreta e carinhosamente, abriu o jogo: "ué, então você está com algum problema de saúde, pois eu vi uns pingos de sangue no vaso sanitário, você não deve ter notado; melhor procurarmos um médico". Meu Deus, o meu mundo desabou nesse momento, fiquei branca como a neve!

Como eu fui dar um vacilo desse?! Putz, ele vai acabar comigo em horas, acabou, dancei!

Mas, finalmente, depois do constrangimento inicial, eu me abri com ele, falei o que estava acontecendo, sem meias palavras. Essa foi a primeira vez que eu falei com alguma pessoa sobre o que estava acontecendo, além dos três médicos que eu havia consultado. E, justiça seja feita, neste primeiro momento, o meu então namorado me tranquilizou e foi muito parceiro, discreto, elegante e cuidadoso comigo – na medida certa. Além desse carinho comigo diante da descoberta, ele ainda tomou uma iniciativa que veio a ser muito importante na minha vida: ele foi o primeiro a falar sobre o assunto com o meu melhor amigo, que então cursava medicina.

Quando o meu amigo soube, percebi que ele ficou desolado. Numa conversa muito séria, ele propôs que eu fosse ao médico naquele mesmo dia, antes da viagem à Bahia. Como era véspera de Natal e já estávamos com um pé no avião rumo às belezas da terra de Jorge Amado, depois de algumas tentativas infrutíferas de conseguir uma consulta de última hora, ele me prescreveu alguns medicamentos para aliviar os sintomas e as dores, para eu não passar a virada de ano no banheiro sangrando, e ajustamos que, no meu retorno da Bahia, assim que eu colocasse os pés no Rio, eu iria imediatamente a um gastroenterologista. Feito esse ajuste, viajamos rumo ao sul da Bahia, para aquele que seria o réveillon mais complexo da minha vida...

No retorno da Bahia, assim que eu pisei na Cidade Maravilhosa – com os meus sintomas piores do que estavam na ida, e com toda a cara de preocupação do meu amigo médico na memória, o que me pareceu um péssimo presságio! –, fui a uma gastroenterologista e ela me pediu exames de colonoscopia e de fezes. Meu Deus, finalmente alguém me pedia o tal exame!

> **Meu Deus, finalmente alguém me pedia o tal exame!**

Nessa mesma chegada da Bahia, teve também outro momento importantíssimo da minha vida: pela primeira vez, eu tomei coragem e falei sobre tudo o que estava acontecendo com a minha mãe querida! Como nós duas já tínhamos uma viagem programada para Brasília, para o encontro com o Vicente Paulo, a Anabelle Denega e o meu pai, levamos esses pedidos de exames na mala, e foi com a realização deles, no início da semana seguinte, que o meu câncer foi descoberto – e então me foi dito, em outras palavras, que eu passaria por uma guerra de muitas e dolorosas batalhas, e que eu teria de provar muita disciplina e resiliência para permanecer viva...

5

Doutor, peça uma colonoscopia, por favor!

De todos os capítulos desta obra, considero este o mais importante para o meu propósito de levar algumas informações a outras pessoas que, eventualmente, venham a apresentar sintomas como aqueles da minha doença, e também chamar a atenção de alguns médicos, sugerindo que no futuro eles sejam mais cautelosos nos diagnósticos de situações análogas à minha.

Conforme relatei antes, na fase inicial do aparecimento dos meus sintomas eu fui a três proctologistas no Rio de Janeiro, e todos eles diagnosticaram apenas a minha tal bolhinha no ânus, e me prescreveram tratamento somente para os sintomas da minha hemorroida, com banhos de assento e uma pomada, ou um supositório de anti-inflamatório. Nem um dos três médicos me pediu uma colonoscopia, sequer um exame de fezes. Pô, não foi o diagnóstico de um médico; foram três diagnósticos, de três distintos proctologistas! Um, dois, três médicos!

Na real, você pode estar pensando que o meu objetivo, aqui neste capítulo, será apontar diretamente uma negligência médica. Não, não! Não é esse o meu objetivo, de modo algum. Quem sou eu, leiga em medicina, para sair falando em negligência médica por aí? O meu caso passou, é leite derramado; o que importa é avaliarmos se, no futuro, num caso semelhante ao meu, alguma coisa pode ser feita para se evitar os perrengues pelos quais eu passei e as sequelas que eu carregarei comigo, algumas delas pelo resto da minha vida.

> O que importa é avaliarmos se, no futuro, num caso semelhante ao meu, alguma coisa pode ser feita para se evitar os perrengues pelos quais eu passei e as sequelas que eu carregarei comigo, algumas delas pelo resto da minha vida.

Sinceramente, gente, vou até repetir, o meu objetivo aqui não é macular o profissionalismo e a seriedade dos médicos "A", "B" ou "C", muito menos estabelecer com eles uma espécie de acerto de contas com o passado. De modo algum! Eu tenho consciência de que nem um deles agiu com má-fé e/ou me tratou com descaso. Não é essa a questão! O meu olhar aqui será exclusivamente prospectivo, para o futuro, no intuito de poder evitar, ou pelo menos mitigar, outras situações análogas à minha. Como eu disse ao Vicente Paulo, meu parceiro nesta empreitada, "se esses meus relatos puderem despertar um paciente, ou um único médico, ou os pais de uma única paciente, eu já me darei por realizada".

Vamos lá. Hoje penso que os três primeiros proctologistas a que eu fui, lá no início, em 2018, no surgimento dos primeiros sintomas, poderiam ter sido mais cautelosos, e ido mais a fundo na recomendação de "conheça o seu paciente"! Se um desses três primeiros médicos tivesse me pedido um exame de colonoscopia, eu teria descoberto o meu câncer muito antes, provavelmente numa fase ainda inicial, e certamente num estado menos grave do que aquele que (só) foi diagnosticado depois de um pedido de exame de colonoscopia, quase três anos depois, em 2021! E, para mim, é aqui que mora o grande ponto de interrogação: por que nem um dos três médicos me pediu uma colonoscopia? Por quê?

Depois de muito sofrer diante dessa pergunta, eu elaborei algumas tentativas de resposta para ela, e vou descrevê-las nos parágrafos seguintes, sem querer parecer a dona da verdade, mas para que, a partir delas, possamos dialogar abertamente sobre uma questão tão importante na vida de todos nós, que é a relação médico-paciente.

Um Tabu?

Será que os três médicos não me pediram um exame de colonoscopia em razão de uma espécie de tabu? Mais ou menos assim: o médico vê diante de si uma menina saudável, malhada, boa alimentação, não fumante e que praticamente nunca havia entrado num hospital na vida, a não ser por motivação pontual, como uma infecção alimentar, e pensa: "uma menina saudável dessa, vinte anos e esportista habitual, pedir o exame de colonoscopia dela para quê?

Esse meu pensamento pode ser uma bobeira, mas eu realmente tenho a impressão de que, se eu tivesse sessenta, setenta ou mais anos, os médicos não teriam titubeado, e eu já sairia dali com um pedido de colonoscopia nas mãos. Claro, a incidência desse tipo de câncer é maior entre idosos, todo mundo sabe disso. Mas há também casos raros em jovens, como eu! Um caso raro não é só um número; é um ser humano, é uma existência inteira que poderá desaparecer ou, na melhor das hipóteses, ficar como eu, com sequelas pelo resto da vida! Bem, essa é uma percepção minha, muito particular mesmo, sobre uma suposta motivação dos três primeiros proctologistas para não me terem solicitado um exame de colonoscopia...

> **Um caso raro não é só um número; é um ser humano, é uma existência inteira que poderá desaparecer ou, na melhor das hipóteses, ficar como eu, com sequelas pelo resto da vida!**

Pô, esses três médicos – principalmente o segundo e o terceiro, para quem eu já contava o meu precedente, de sintomas anteriores – perderam a chance de um deles ser o meu herói. Imagine o que um pedido de colonoscopia naquela época poderia ter evitado – todo o meu sofrimento com o tratamento, eu ter ingressado na menopausa aos 23 anos de idade, eu ter de congelar os meus óvulos às pressas (para um dia poder ter filhos, provavelmente por meio de uma barriga de aluguel, pois pouco sobrou do meu útero!), eu ter ficado com sete cicatrizes físicas pelo corpo, e com outras variadas sequelas emocionais e físicas que eu carregarei pelo resto da vida. Um simples pedido de exame de colonoscopia poderia, muito provavelmente, ter mitigado isso tudo!

Cadê a anamnese?

Em conversas informais com amigos médicos, tomei conhecimento de que no curso de medicina os graduandos estudam uma matéria chamada semiologia. Se a terminologia é desconhecida de muitos, a essência da semiologia é muito fácil de ser compreendida: nessa matéria, os futuros médicos aprendem sobre anamnese, que nada mais é do que a importância de dialogar, entrevistar o paciente na busca de informações que possam auxiliar na elaboração do diagnóstico e na indicação do correspondente tratamento; em outras palavras, a anamnese impõe que o médico "investigue o seu paciente", por meio de uma conversa profunda, franca e aberta, na busca de informações que indiquem a causa dos sintomas por ele apresentados. Tipo o jogo "Detetive": quanto mais perguntas, mais rapidamente você encontrará o assassino!

De outro lado, temos a epidemiologia, que consiste em olhar para o que é mais comum, levando em conta, em especial, a faixa etária e o sexo do paciente. Seria o caso, por exemplo, deste olhar: o câncer do reto é uma doença relativamente comum em adultos acima de cinquenta anos, e a colonoscopia é um exame de rastreio indicada para essa faixa etária de tantos em tantos anos; em outras faixas etárias, desconfortos e pequenos sangramentos na região anal costumam estar relacionados a hemorroida, ou a algum machucado local (decorrente de sexo anal, por exemplo); logo, se uma menina de vinte anos comparece a um consultório médico com a queixa principal de possuir uma bolhinha na região anal, o médico adota a epidemiologia e, numa conversa rápida, diagnostica que ela tem uma hemorroida, pois esta é a principal alteração no ânus de pessoas da faixa etária dela que pode causar sangramento e desconforto na região; realiza, então, um exame de anuscopia e só prescreve sintomáticos.

Na minha ida ao segundo e ao terceiro médicos, com os mesmos sintomas já diagnosticados pelo primeiro médico (bolhinha no ânus + sangramentos pelo reto), penso hoje que, provavelmente, a anamnese não foi devidamente aplicada ao meu caso: de posse da conclusão do primeiro diagnóstico (do médico anterior), eles apenas realizaram o exame de anuscopia, concluíram rapidamente que o meu sangramento era causado por uma hemorroida e prescreveram o mesmo tratamento sintomático.

Anote-se que, pela aplicação da anamnese, em vez de parar nas perguntas manjadas de sempre – você fuma? Bebe? Alimentação saudável? Faz atividade física? –, o médico poderia ter estabelecido uma conversa mais profunda comigo, na busca de outros elementos que pudessem, pelo menos em tese, demonstrar a presença de um quadro de exceção (de um excepcional câncer de reto numa menina de vinte anos). Outras perguntas poderiam ter sido dirigidas a mim, do tipo: você tem perdido peso? Que características tem, exatamente, esse sangramento? Qual a textura dele? É sangue vivo? É de que cor? Qual a periodicidade dos sangramentos? Esse sangue pinga? Como começou, exatamente, o sangramento? Ele mudou de tonalidade com o transcurso do tempo? O sangue está misturado com as fezes, ou vem à parte? Etc. Mas nada disso foi perguntado!

Na real, nem uma dessas perguntas me foi feita! Prevaleceu a adoção da epidemiologia, sob o manto equivocado da máxima de que câncer no intestino é coisa de velhos! Quem sabe, se tivessem adotado as lições das aulas de semiologia da faculdade, as informações levantadas por meio da anamnese teriam indicado que essa menina de vinte anos poderia ser uma exceção!

Ainda sobre este tópico – anamnese x epidemiologia –, tenho a impressão de que, em que pese o fato de a epidemiologia indicar o diagnóstico de hemorroida, no meu caso havia algumas particularidades que mereceriam, pelo menos, uma investigação mais aprofundada. O sangue vivo, que pingava, e a minha perda de peso, por exemplo, poderiam indicar que não se tratava só de uma hemorroida! Quanto você pesava no surgimento desses sintomas? De lá para cá, mudou muito o seu peso? Mas esse aprofundamento não foi adotado por nem um dos três médicos. Só três anos depois, quando o meu amigo médico soube, é que essas perguntas todas me foram feitas por ele, que logo me orientou a fazer, urgentemente, um exame de colonoscopia – mas, aí, o meu câncer já estava no nível 4 (com metástase).

Para concluir este difícil capítulo, peço licença aos médicos – esses anjos de Deus que salvaram a minha vida! – para aqui registrar uma emoção minha: adotem a anamnese, guiem o seu paciente durante a consulta, retirem dele o máximo de informações, não só sobre os sintomas atuais, mas também sobre o seu histórico de vida; investiguem, escutem, perguntem, aprofundem; e não abandonem a possibilidade de se estar diante de uma exceção; ainda que uma menina de vinte anos, saudável, com câncer no reto seja uma baita exceção, casos raros existem (do contrário, a palavra adequada seria "impossível" em vez de "raro"!), e, já que existem, em respeito a eles, talvez seja melhor, excepcionalmente, pecar pelo excesso.

Agora, de outro lado, pensando como uma paciente que teve o comportamento (errôneo) de uma "estátua do silêncio", fica a dica, caso você seja acometida de sintomas similares àqueles que apresentei: fale, não tenha vergonha de expor o que está sentindo; peça ajuda aos seus entes queridos, e busque incansavelmente por respostas médicas; se, diante de sintomas semelhantes aos meus, o médico não pedir um exame de colonoscopia, insista com ele, conte a ele o meu caso, exija dele o pedido de exame; imagine quanta coisa ruim poderia ter sido mitigada a mim e à minha família se eu tivesse tido a coragem para falar abertamente sobre o assunto com a minha mãe, com o meu pai ou com o meu amigo que cursava medicina. #Ficaadica!

> **Fale, não tenha vergonha de expor o que está sentindo; peça ajuda aos seus entes queridos, e busque incansavelmente por respostas médicas.**

Ficou pesado este capítulo, né?! Eu sei que o assunto aqui abordado é complexo, e que concertar essa tríade (médico – comunicação – paciente) não deve ser nada fácil, mas também penso que temos de, pelo menos, começar a falar sobre isso, ainda que seja para terceiros refutarem veementemente o meu desabafo acima! Afinal, sem querer dar uma de vítima, parece-me que o meu caso bem demonstra que as consequências desse atendimento meio "no automático", sem maior investigação do histórico do paciente, podem ser muito dolorosas e irreversíveis para o paciente...

Considerando esse cenário, e tendo em vista a minha incompetência para aprofundar a discussão de questão médica tão complexa, deixo aberta a palavra e clamo aos órgãos competentes: o Ministério da Saúde, como gestor do belíssimo Sistema Único de Saúde (SUS); o Conselho Federal de Medicina (CFM), com o seu poder normativo e propalador de protocolos de atendimento e boas práticas médicas (por que não estabelecer um protocolo de exames diante de sintomas que possam indicar um câncer no reto, do tipo que já existe para o câncer de mama, por exemplo?); as grandes redes particulares de saúde, que têm o dever de zelar pelo padrão de qualidade no atendimento humanizado dos seus pacientes – e outros atores competentes da área da saúde. Se qualquer uma dessas instituições entender que eu, com a minha história, possa ser útil em algo, está aí uma coisa que eu faria com a maior satisfação desse mundo; estarei à disposição, dia e noite, para falar sobre o assunto...

6

Uma família de fé

Eu não seria honesta se dissesse que durante todo o meu enfrentamento ao câncer a minha relação com Deus tenha sido uma maravilha. Não foi. No período da rádio e da químio, de tanto sofrimento, confesso que a minha fé ficou momentaneamente abalada, tive alguns diálogos com Ele, nem todos muito amistosos! Mas, no final do processo, essas isoladas DRs foram recompensadas e hoje eu posso dizer que a minha fé saiu fortalecida. Mas este capítulo não é para falar a respeito da minha relação com Deus, aspecto íntimo de cada ser, tampouco para fazer proselitismo a favor dessa ou daquela crença. O objetivo destas palavras que se seguem é prestar uma homenagem à minha família, que tanto orou por mim, e cuja fé e tamanha dedicação fizeram mover montanhas nos momentos mais difíceis do meu tratamento.

Uma família de fé

A minha família rezou todos os dias por mim. Essa união – de familiares maternos e paternos – me trouxe muita força, tanta força que a fé tomou conta de mim, e hoje eu considero a minha relação com Deus muito mais sólida, muito mais próxima do que antes da doença. Se em algum momento de desespero eu cheguei a duvidar da ajuda divina, num momento seguinte eu já me sentia inteiramente abraçada por Deus, por meio das orações e da fé da minha família.

Foi muito bonito! Os católicos de um lado, os evangélicos e kardecistas de outro, os adeptos do candomblé mais firmes do que nunca, os budistas e os umbandistas também – cada um na sua crença, mas todos juntos, numa mesma corrente de fé, e pedindo pela minha recuperação. Uma grande colcha de retalhos, formada por variados credos e cores, mas cada pedacinho vibrando em um uníssono de fé, bondade, amor, carinho, afeto e empatia – todos doando a sua fé para mim, pela minha recuperação! Dessa toalha de fé, a minha mãe recebia as boas energias no Rio de Janeiro, ganhava as forças para cuidar de mim, e me repassava essa mesma força, para eu aguentar as dores do tratamento e continuar firme na luta pela minha vida! Como não se sentir fortalecida diante de tanta fé, de tanto amor e de tanta dedicação à minha causa? Uma verdadeira *Eywa*, árvore das almas de Pandora, do filme Avatar, com todos conectados a ela!

Houve até um terço virtual, com dia e hora marcados! Formou-se um grupo com mais de vinte familiares, o Grupo Pereirinha, em homenagem ao sobrenome da família da minha mãe. Com todos on-line, iniciava-se a reza do terço, cada um rezava a sua parte e ninguém faltava – se faltasse, outro parente suplente cobria a falta! Sim, havia suplentes: se a minha mãe tivesse uma convocação de urgência na Polícia Federal, a suplente dela assumia – e a corrente de fé não era interrompida! Uma verdadeira logística, sob a condução da minha tia Nágima!

> **Uma grande colcha de retalhos, formada por variados credos e cores, mas cada pedacinho vibrando em um uníssono de fé, bondade, amor, carinho, afeto e empatia.**

Não haverá espaço aqui para mencionar todos os envolvidos, mas vou pegar o pequeno círculo próximo aos meus avós maternos para passar uma ideia da organização e da logística do terço em família! Para começar, ninguém mora perto! Os meus avós moram no interior do Espírito Santo, os meus tios vivem pelo Brasil, aqui hoje, amanhã acolá, já que são caminhoneiros! Então, decidiram que o terço em família seria rezado em todos os domingos, a partir das 19h30min.

Domingo a domingo, os meus avós começavam, e depois cada um dos cinco filhos assumia a quinta parte do terço – independentemente de onde estivessem nesse horário! Num primeiro olhar, você pode imaginar: ora, muito simples, cada um na sua casa no horário ajustado, é só entrar na plataforma e dar início à reza. Mas não era tão simples assim para os meus tios, e esse detalhe é de chorar de tão lindo! Como eles são caminhoneiros, e rodam todo o Brasil, onde estarão às 19h30min de domingo? Quem garante que o Posto de Gasolina no interior do Rio Grande do Norte tem wi-fi? Ou, ainda, será que tem internet na fazenda, no interior do Paraná, onde eles estavam aguardando o carregamento do caminhão? Segundo eles, cada domingo era uma aventura para terem internet no horário do terço, de norte a sul do Brasil! Mas uma coisa é linda, e Deus certamente estava vendo: eles nunca faltaram a um terço sequer! É muito amor para uma família só! Meus tios queridos, nós ainda gravaremos um clipe juntos, comigo aí, na boleia do caminhão de vocês! Podem anotar...

Em paralelo ao terço de domingo, formou-se outro grupo de reza, só de mulheres, em que só o nome já dá a ideia da dedicação e da fortaleza delas: "Família em Ordem de Batalha"! Esse grupo tinha um encontro marcado todas as madrugadas, às 4h da manhã, para rezarem não um, mas dois terços! Essas mesmas guerreiras tinham, ainda, outra importante missão: nas minhas sessões de químio no hospital, o grupo rezava um novo terço! Quando eu era levada para a sala de aplicação da químio, a minha mãe acompanhava essa movimentação e avisava o grupo, que já ficava de prontidão; quando iniciava a aplicação, o grupo entrava em ação, fazia o sinal da cruz, e a reza começava – creio em Deus pai todo poderoso, Criador do céu e da terra... Pense numa coisa linda!

Alguns dos familiares ainda se empenharam em promessas! O meu avô um dia me disse, com toda a humildade e bondade desse mundo: "Nandinha, eu não posso lhe oferecer muito num momento tão difícil, mas eu vou lhe dar algo que pode ser valioso – eu prometi a Deus rezar mil Ave Marias, e também que eu irei até Aparecida do Norte, em São Paulo, rezar por você"! Noutro dia, ele me lembrou: "Ananda, eu já estou quase chegando nas novecentas Ave Marias"! Quando concluí as minhas sessões de quimioterapia, acompanhamos ele no cumprimento da segunda promessa – eu, a minha mãe, ele e a minha avó fomos até Aparecida, e rezamos muito! Vovô Vito, que presente!

O meu pai também fez uma promessa, de subir de joelhos as escadarias da Igreja de Nossa Senhora da Penha, no Rio de Janeiro. Ele e o meu tio Arthur cumpriram a promessa ainda durante o meu tratamento. Ele fez, ainda, outra: de toda vez que ele for ao Rio, ir até a Igreja Nossa Senhora da Paz, em Ipanema. Obrigada, Papai! Obrigada, Tio Arthur!

Como eu não terei espaço aqui para expressar os meus agradecimentos a todas as pessoas queridas que, mesmo não integrando as minhas famílias materna e paterna, também rezaram por mim, eu estendo a elas, aqui, a minha infinita gratidão. Nos seus mais diferentes credos, essas pessoas sofreram comigo, apoiaram a minha mãe nos momentos mais dolorosos dela – e haja reza por mim!

Pessoas como a Enedina, amiga da minha mãe da Polícia Federal, que rezava todos os dias por mim, até nos intervalos do próprio trabalho. Quando eu estava no Sírio-Libanês para a retirada do segundo tumor, veja que coisa linda a minha mãe me contou: o aniversário Enedina é no 7 de setembro e, por ser o feriado da independência, nunca havia um momento dos parabéns para ela na Polícia Federal; então, em 2022, os colegas decidiram fazer uma festinha surpresa para ela, e, coincidentemente, na mesma data, eu estava em São Paulo, para a retirada do segundo tumor; quando a Enedina entrou na sala, e foi surpreendida pelos colegas, ela agradeceu as palmas iniciais, mas pediu: "colegas, eu agradeço por essa iniciativa, mas eu queria fazer um pedido a vocês; em vez de festa, vamos todos, de mãos dadas, fazer uma oração para Ananda, a filha da Soninha, que está em São Paulo para a retirada de um novo tumor; podemos?". Com essas palavras, a festinha de aniversário foi convertida num lindo momento de oração, pela minha saúde. Enedina, foste um grande presente de Deus na minha vida, e na vida da minha mãe, que tanto a ama!

Houve também uma cantora da minha terra, Recife, famosa em todo o Brasil, um ídolo meu na música pop brasileira, e que teve o carinho de reservar momentos da sua agenda e da sua vida pessoal para gravar vídeos de apoio a mim, me dando forças para continuar na luta. Duda Beat, obrigada pela esperança que você me proporcionou com aqueles vídeos! Foi muita emoção ver um dos meus ídolos da música me enxergando! Só Deus sabe quantas vezes eu os assisti, e os reassisti, e os reassisti...

Ou como a Dona Zil, tia do coração, que, segundo eu soube depois, andava meio ausente do candomblé, mas que retornou ao seu culto só para pedir aos Orixás pela minha saúde! Numa das minhas idas a Curitiba/PR, de surpresa para o aniversário do Vicente, Dona Zil me arrumou o quarto dela, para eu dormir mais confortável, e vi então uma vela acesa, muito bem arrumadinha e protegida num minúsculo altar. Ao comentar sobre a delicadeza do altarzinho, a resposta dela encheu os meus olhos de lágrimas: "ah, é a velinha da Ananda, que nunca se apaga"! Obrigada, Zil!

Ou, ainda, o Vicente, suposto agnóstico, que me emocionou muito um dia, em que, depois de uma longa fala sobre fé, me revelou que, por força da nossa proximidade durante o meu processo de cura, e de tanto pedir aos céus por mim, ele se sentia, mais do que nunca, próximo ao Divino, empurrado por mim, Ananda (eu o conheço bem, sei que ele jamais me diria isso se não fosse do fundo da sua alma!).

Muitas outras pessoas que oraram por mim e que não foram aqui mencionadas, sintam-se abraçadas por mim! Amigos meus de Brasília, de Joinville, do Rio, colegas de trabalho da minha mãe, na Polícia Federal, amigos das minhas equipes de trabalho na música – e muitos outros! De coração mesmo, sintam-se abraçadas por mim, e que Deus cuide muito bem da saúde de todos vocês!

7

Temos que falar sobre o câncer

No tempo em que convivi com os sintomas do câncer – um longo período, que vai de 2018 até o início de 2021, quando houve o diagnóstico da doença –, uma das questões mais difíceis de serem compreendidas, hoje, inclusive por mim, foi o meu silêncio. A tal pergunta que nunca se cala: mas por que você não falou com a sua mãe? Ou com o seu pai? Ou com o seu grande amigo, que cursava medicina? Ou com a sua melhor amiga, Aninha?

De fato, com o olhar de hoje, não é fácil acreditar! Também é muito difícil para mim, hoje, noutro estado de maturidade e serenidade, voltar no tempo e tentar explicar as minhas (supostas) motivações. Mas tentarei fazer isso, para alertar outras meninas que venham a ter câncer e se sintam tentadas a permanecer bloqueadas como eu, em absoluto silêncio.

Talvez o meu relato possa ser útil, também, aos pais, para que, diante desse tipo de sintomas, não deem muito crédito às respostas da filha e, pelo menos, desconfiem: "essa menina pode estar escondendo alguma coisa, algo muito íntimo para ela, que ela tenha vergonha de falar conosco". Enfim, vamos lá, coragem Ananda, fale agora!

Na minha cabeça, a razão genérica para eu não ter falado com ninguém sobre os meus sintomas é que, amparada pelo diagnóstico de três médicos proctologistas, eu realmente não imaginava que tivesse algo grave na região do ânus. Ora, se os três médicos usaram praticamente as mesmas palavras para afirmarem categoricamente que eu só tinha uma pequena hemorroida, e que, se ela desaparecesse com os banhos de assento, não haveria motivos para eu me preocupar, quem seria eu para duvidar desses três profissionais? Se três médicos, que estudaram anos e anos medicina, não desconfiaram que alguma coisa grave poderia estar acontecendo comigo, por que eu iria duvidar deles? Não me parece comum uma pessoa ir a três médicos especialistas, os três darem o mesmo diagnóstico tranquilizador e a paciente sair do consultório desconfiando que algo está errado!

Por que não falei com o meu pai? Durante todo o período dos sintomas o meu pai já residia em Joinville e, então, não nos víamos muito, conversávamos na maior parte do tempo só por chamadas de vídeo mesmo – e, cá entre nós, esse não me parece, propriamente, o tipo de assunto para se falar por WhatsApp, com ele e os familiares dele do outro lado da linha, né?! Eu morava no Rio de Janeiro, e ia também muito a São Paulo (pra ver meu namorado), enquanto o meu pai morava em Joinville. Assim, eu pensava: ora, tenho de resolver os meus problemas de saúde por aqui, nos grandes centros do país, e não ir incomodar o meu pai lá no interior de Santa Catarina! E me calava.

> **Na minha cabeça, a razão genérica para eu não ter falado com ninguém sobre os meus sintomas é que, amparada pelo diagnóstico de três médicos proctologistas, eu realmente não imaginava que tivesse algo grave na região do ânus. Quem seria eu para duvidar desses três profissionais?**

Por que não falei com a minha mãe? O meu silêncio diante da minha mãe teve motivações bem distintas, a depender da fase da minha doença. Na primeira fase (branda), em que eu só tinha uma bolhinha na região anal, e junto com ela vinham só pequenos sangramentos nas fezes, eu não aprofundei no assunto porque, pura e simplesmente, eu não via razão alguma para isso. Fomos aos proctologistas juntas, no Rio de Janeiro, e, na saída do consultório, já na sala de espera, onde ela me aguardava, eu já a tranquilizava: "tá tudo bem, mãe, eu estou com uma pequena fissura, caminhando para uma hemorroida e com sangramento decorrente do machucado dela; terei que fazer uns banhos de assento e usar uma pomada no local". Saíamos dali tranquilas, tomávamos um sorvete e retornávamos à nossa casa, onde eu me trancava com a bacia no meu banheiro – e ela, claro, seguia a vida dela, com os afazeres na Polícia Federal. Em alguns dias, depois de banhos e banhos de assento, os sintomas desapareciam, a minha bacia era levada para a área de serviço e a minha vida voltava ao normal...

Então, nos dias seguintes, ela me perguntava novamente se estava tudo bem, eu respondia que sim, que os banhos de assento haviam surtido efeito e que os sintomas já estavam desaparecendo. Vida que segue. Na real, o diálogo não se aprofundava porque, com essa minha resposta, ela ficava tranquila – uma hemorroida, foi ao médico, já se tratou, os sintomas estão desparecendo, tá tudo certo! – e eu, nas semanas seguintes, quando a minha bolhinha do ânus e os sangramentos desapareciam completamente, também voltava a ficar tranquila. Afinal, os médicos me haviam dito exatamente isso, que, se a hemorroida e o sangramento desaparecessem com os banhos de assento, não haveria mais motivos para me preocupar! Dessa forma, nesse quadro que, para mim, já havia se transformado numa rotina, de meros cuidados paliativos de uma hemorroida, falar sobre assunto tão delicado com a minha mãe, para quê?

Por fim, na fase de agravamento da minha doença, em 2020, as motivações para eu não ter falado com a minha mãe são outras, de natureza absolutamente diversa. Nesse período, diante do agravamento do quadro – aumento do número de idas diárias ao banheiro, sangue vermelho vivo e muco nas fezes –, eu já me preocupava e pensava em falar com ela, mas não havia espaço suficiente para essa conversa. Como assim, não havia espaço? Você vai entender com a leitura dos parágrafos seguintes...

Numa dessas malfadadas coincidências da vida, no período em que os sintomas do meu câncer se agravaram, o meu relacionamento com a minha mãe estava péssimo. Praticamente não havia diálogo algum entre mim e ela em 2020 – e, quando havia, era ríspido, a um ponto para briga! Muito louco isso! No período do Bolshoi, eu sofri muito por causa da minha relação com a minha mãe. Naquele período, eu morava em Joinville, e ela residia em Brasília, mais de 1.500 km de distância uma da outra. Além das minhas esquisitices e da rebeldia próprias da adolescência, a dificuldade de relacionamento naquele tempo de Bolshoi vinha, ainda, da lenta e dolorosa absorção, por mim, da separação dela do meu pai.

Em 2020, morávamos juntas, num apartamento de menos de 100 m², mas estávamos distantes, mais isoladas do que nunca! Cada uma no seu mundo, e em universos que não se comunicavam, não possuíam praticamente intersecção alguma, a não ser nos momentos práticos, obrigatórios do dia a dia. E, mesmo nestes, frequentemente havia conflitos, tipo uma áspera discussão para decidir de quem era a obrigação de varrer a casa em determinado dia da semana! Gostaria muito de poder voltar no tempo e mudar o meu comportamento nesse período – quanta perda de tempo! Queria eu ter como o recuperar...

Na real, tínhamos muitos assuntos mal resolvidos entre nós, alguns deles, pela sensibilidade envolvida, nem cabem neste livro. Um desses assuntos que me incomodava muito, certamente, era a separação dela do meu pai. No processo de separação deles eu comprei as dores do meu pai e, num rompante de típica "aborrecente", eu não queria mais que a minha mãe cuidasse de nada para mim e, muito menos, queria me mostrar vulnerável diante dela. Nada mais clichê, numa mente "aborrecente" diante da administração de tantas complexidades – hormônios à flor da pele, primeiro relacionamento amoroso, saída do Bolshoi, mudança de cidade, chegada a um novo colégio, meu pai casado numa cidade, minha mãe já com o novo namorado em outra, a desistência do teatro do Wolf Maya etc. – e ainda mais essa chatice, esse perrengue de sangramento nas fezes! Em meio a tantas instabilidades e transformações próprias da adolescência, o meu silêncio foi se prolongando...

Do outro lado, a minha mãe estava tão absorta com a vivência de dois lutos, que ela praticamente nem me via em casa. Ou, se me via, não me enxergava. Dois lutos? Quem morreu? Ninguém faleceu! Eram lutos por homens vivos! O primeiro luto era pelo desfazimento de uma relação amorosa intensa dela, depois de mais de doze anos de convívio. O segundo, foi por eu ter terminado o relacionamento de cinco anos que mantive com o meu primo (e, portanto, sobrinho dela, neto da minha avó, e por aí vai!), e já aparecer com outro menino. Por um ou por outro luto, o fato é que foi um período dificílimo para a minha mãe, que passava quase todo o tempo dela em casa chorando ou irritada com as menores coisas. Com tanta pólvora no ar, um simples atraso na minha relevante obrigação diária de lavar as louças do almoço podia gerar, a partir da nossa indisposição para o diálogo, uma briga tipo 3ª guerra mundial!

Um episódio retrata muito bem aquele nosso momento. Nós estávamos tão afastadas uma da outra que, acredite, ela só veio a perceber que eu estava indo muito ao banheiro durante uma briga nossa – seriíssima, motivada por coisa grande, gravíssima, talvez por eu não ter lavado a xícara em que tomei o meu último café! Hoje, olhando isso tudo lá atrás, já devidamente superado, parece até cômico, mas foi assim: durante uma briga nossa, eu precisei sair correndo para uma das minhas várias idas diárias ao banheiro para fazer o número 2, e então ela soltou o grito: "e saia desse banheiro, Ananda, que eu não consigo falar nada com você, de tanto que você vai à droga desse banheiro, toda hora; saia desse banheiro, não me interrompa, deixa eu concluir o meu raciocínio!". A minha resposta: "mãe, eu não estou indo muito ao banheiro para interromper a sua fala; estou indo porque não estou mais aguentando esperar, acho que aquele meu problema na região do ânus está me gerando esse desconforto". Com essas palavras, precisamente com essas palavras, iniciava-se naquele momento a nossa grande, gigante parceria na condução do tratamento do meu câncer. Bendita ida ao banheiro! Bendita bronca da minha mãe!

Foi muito bonita essa rápida reconstrução dos nossos laços. Do dia para a noite, num piscar de olhos, o nosso distanciamento ficou para trás, os lutos dela se foram (ainda que "na marra", algo do tipo: "que o meu ex e o meu sobrinho ex da Ananda vão para a P.Q.P., que eu vou é cuidar da minha filha!") e, poucos meses depois, eu já tinha dela a imagem que tenho hoje, e que sei que carregarei para o resto da minha vida, aconteça o que acontecer com as nossas existências: a minha mãe, a Dona Sônia Regina Pereira, é a mãe mais maravilhosa e de fibra desse mundo, o meu ídolo, a minha heroína mais amada de todas! Ai, minha mãe, eu sofro só de imaginar o quanto você nos últimos anos sofreu em razão da minha doença; eu sei que não foi fácil, mas o amor e a cumplicidade que fortalecemos nesse período compensarão tudo, eu não tenho dúvida disso!

> Eu não soube superar um tabu, uma coisa boba que não deveria existir entre pessoas que se amam.

Não custa lembrar que o meu silêncio não foi só em relação aos meus pais. Eu também não tive coragem de falar com a minha melhor amiga, nem com o meu melhor amigo, que já cursava medicina. Não falei com ninguém, na verdade – de vergonha, tamanho era o constrangimento. Como falar com o *boy*, com quem você está iniciando um namoro, que você tem que ir ao banheiro fazer o número 2 umas vinte vezes por dia, que você está com uma bolhinha no ânus, que gera sangramento nas fezes, além de estar expelindo um muco gosmento, horroroso e com cara de meleca de nariz pelas fezes? Como falar, naquela idade, e apaixonada como Julieta? Hoje, nos meus 25 anos, eu acho moleza, se fosse para me ajudar diante de uma doença, eu falaria até para um completo desconhecido que batesse à porta! Naquela época, porém, o tabu me silenciou...

Eu não soube superar um tabu, uma coisa boba que não deveria existir entre pessoas que se amam. Qualquer um pode passar pelo mesmo constrangimento, é claro. Mas o tabu foi mais forte, pela tal delicadeza que envolve conversar sobre doenças na região do ânus. Um tabu bobo que pode levar à morte. Malditos tabus!

Momento de reflexão! Há alguns dias, numa das reflexões chapadeiras do Vicente Paulo (ele ama a Chapada dos Veadeiros/GO), ele me disse algo que me balançou, sabe? Com a palavra, tio Vicente (ele, às vezes, se comporta como tio total, desaba a dar conselho, bronca e tudo!): "veja que coisa, Ananda, como a vida é surpreendente; há alguns anos, a sua relação com a sua mãe estava péssima, e nós dois não tínhamos a proximidade, o respeito e a admiração mútuos que temos hoje; veio o câncer, um período dificílimo para as nossas existências, mas veja também o que resultou dele; quanto vale, para você, o presente de saber que a sua relação com a sua mãe melhorou tanto, e que isso lhe acompanhará pelo resto da sua vida? Será que nós dois, Vicente e Ananda, teríamos a mesma admiração, o mesmo carinho e a mesma cumplicidade que temos um diante do outro hoje, se não tivéssemos passado juntos por um período tão sofrido? Você me disse, ainda, que a sua doença gerou maior proximidade entre alguns dos seus familiares, certo? Quanto vale você ter, ainda que de um modo sofrido, contribuído para a reaproximação de familiares seus, que ganharão tanto afeto com essa nova proximidade? Reflita, Ananda. A vida é mesmo surpreendente!". Tá bom, Tio Vicente, refletirei!

8
Visão panorâmica do meu tratamento

Quando o Doutor Henry Najman – com toda a serenidade deste mundo, e muito acolhedor – me disse que eu estava com câncer, não senti nada. Absolutamente nada! Nem mesmo com todos aqueles sintomas horrorosos, e percebendo que eu havia entrado numa "São Vicente – Clínica de Oncologia", eu cheguei a suspeitar de câncer. Quando caminhamos pelo corredor da Clínica São Vicente e entramos no consultório do "Doutor Henry Najman – Oncologista", eu ainda pensei comigo, num clima de inocente ironia, "o que eu estou fazendo aqui?". Eu não estava entendendo muito bem o que estava acontecendo, tampouco sabia o que esperar daquela consulta, e de tão cansada e fraca que eu já me sentia, simplesmente me deixei levar, sem muita curiosidade. Algo que não combina com a Ananda Paixão, mas eu estava uma menina apática, como uma pedra de gelo! Consulta com um oncologista? Bora, bora lá!

Mas nos momentos seguintes, quando o Doutor Henry começou a me mostrar as imagens do resultado da minha colonoscopia e de uma tomografia que eu já havia feito, senti que daquela consulta ali não sairia coisa boa! As imagens eram feias, mostravam toda a minha região intestinal e retal muito deteriorada, e ele então foi nos explicando: "o muco que você está expelindo são partes da parede do seu intestino, que estão se soltando; o sangue vermelho vivo vem dos muitos machucados na região intestinal". Ora, diante dessas informações do Doutor Henry acerca da origem dos meus sintomas, e considerando a presença de toda aquela plateia ali comigo – a minha mãe, o meu pai, o meu amigo Vicente Paulo e o meu então namorado –, a minha mãe choramingando num canto, o meu pai noutro, o Vicente ali com aquele olhar de morto... Eu sou avoada, mas não sou passada, né? Na lata, então, eu perguntei: "Doutor Henry, eu estou com câncer"? "Sim, Ananda, você está com um câncer retal num nível muito avançado, e que precisa de tratamento imediato", respondeu ele. Bum!

Na real, eu continuei sem sentir nada. Hoje percebo que eu fiquei temporariamente anestesiada, não conseguia mais captar informação alguma, nem demonstrar sentimento, só um zunido de pessoas conversando, distantes, sobre câncer! Em seguida, um ensurdecedor silêncio: o baque é tão grande que é como se você ingressasse numa espécie de universo paralelo, ou caísse num buraco sem fim, no qual não há emoção, nem dor, só há imensidão, uma imensidão gelada, silenciosa e desprovida de sentimento. O meu distanciamento foi tamanho que, acredite,

Visão panorâmica do meu tratamento

se naquele momento tivessem me dito "Ananda, você está com uma leve gripe", ou "Ananda, você está com um câncer retal em metástase", não me faria diferença alguma! Senti-me como na época do Bolshoi, quando, num grande teatro, diante de uma plateia gigante, você percebe que é o centro de todas as atenções! Durante aquele meu bloqueio, uma espécie de paralisia silenciosa, percebi que dali, com aquela plateia de olhares desamparados, sairia algo sério! Mas mesmo assim não consegui demonstrar comoção alguma...

> O baque é tão grande que é como se você ingressasse numa espécie de universo paralelo, ou caísse num buraco sem fim, no qual não há emoção, nem dor, só há imensidão, uma imensidão gelada, silenciosa e desprovida de sentimento.

Foi muito louco! Mesmo! Eu não sentia nada, e estava tão avoada que, quando vi que a minha mãe chorava muito, pensei "eita, será que eu tenho de chorar também, será que pega bem eu também chorar?". Eu tanto estava num universo paralelo que tive a sensação de que aquela consulta havia demorado uns dez, quinze minutos, no máximo! Depois, porém, me disseram que o tempo total foi de quase três horas! O bloqueio foi tão grande que eu não acompanhei conscientemente nada do que foi discutido naquela sala, pois eu estava lá na minha tal silenciosa imensidão, em que eu não registrava nada daquela gravidade toda que estava sendo, aos poucos e com muita serenidade, revelada pelo Doutor Henry.

Quando a ficha caiu pela primeira vez? Somente quando o Doutor Henry me apresentou o Doutor Pedro Pinho, rádio-oncologista da Rede D'Or, que seria o responsável pelas minhas sessões de radioterapia. Foi nesse momento que eles, juntos, começaram a me descrever como seria, a partir daquele momento, o meu tratamento, apontando todas as fases que eu teria de enfrentar, rigorosamente. Na real, são tantas as fases, que eu vou pedir licença para enumerá-las aqui, uma a uma, como se estivéssemos estudando para um vestibular! Essa breve visão panorâmica de todo o meu percurso de enfrentamento ao câncer vai facilitar a leitura dos próximos capítulos, em que eu descreverei em detalhes cada uma destas fases.

- **Momento 1.** De imediato, teríamos que iniciar os procedimentos preparatórios para o congelamento dos meus óvulos, já que, com as futuras sessões de radioterapia, que te cozinham e te queimam por dentro, adeus óvulos! Em resumo, eu teria de me entupir de hormônios, fazer o recolhimento dos óvulos, congelá-los – e pronto! E tudo isso num ritmo de prova de cem metros rasos, pois só depois desse recolhimento eu poderia dar

Visão panorâmica do meu tratamento

início às sessões de radioterapia e quimioterapia – e, claro, não se esqueçam, havia um tumor cancerígeno gigante dentro de mim, no meu reto!

Momento 2. O passo seguinte seria a radioterapia. O objetivo aqui é tentar reduzir o tamanho do tumor, para aumentar as chances de sucesso na cirurgia de sua retirada. Simples assim: na cirurgia de retirada de um tumor, numa região tão delicada como o reto, se o tumor tiver o tamanho de uma laranja, a chance de sucesso será uma; se as sessões de rádio conseguirem reduzir o danado para o tamanho de uma jabuticaba, a chance de sucesso aumentará!

Momento 3. Passo seguinte, chegou a hora das temidas sessões de quimioterapia, que, em síntese, têm por fim destruir as células doentes que formam um tumor. O medicamento é aplicado na veia do paciente, para que se misture ao sangue e destrua as células doentes que encontrar pela frente, visando a impedir que elas se espalhem por todo o corpo.

Momento 4. Com o fim das sessões de rádio e químio, chegou o momento "partiu centro cirúrgico", para a retirada do tumor! #Aiquemedo!

Momento 5. Concluída a cirurgia de retirada do tumor, além dos necessários cuidados próprios de uma recuperação pós-cirúrgica, haveria, ainda, dois perrengues paralelos: novas aplicações de químio e o uso da temida bolsinha de ileostomia, esta última em substituição ao funcionamento regular do meu despedaçado intestino.

Momento 6. Mais ou menos seis meses depois da cirurgia principal, se a cicatrização da região retal o permitisse, teríamos um novo procedimento cirúrgico, para a retirada da bolsinha de ileostomia e o religamento do meu intestino, para que ele voltasse a funcionar regularmente.

Momento 7. Retirada a bolsinha de ileostomia, eu retornaria à vida normal – digo, a um novo normal! –, com o intestino funcionando e tudo! Nas semanas seguintes, a alimentação melhoraria e eu já poderia retornar integralmente à atividade física e aos meus projetos musicais, rumo ao lançamento da minha primeira música, programado para o segundo semestre de 2022.

Momento 8. Concluído todo esse "menu" de sete etapas anteriormente enumeradas, teríamos as revisões trimestrais pelos próximos cinco anos, para acompanhar eventual recidiva (reaparecimento do câncer). Se nessas revisões aparecessem novos tumores – fazer o quê? –, teríamos de enfrentá-los com novas cirurgias e/ou tratamentos complementares.

Do olhar para esse breve resumo acima, pode-se ficar com a ideia de que – ora! – são fases já conhecidas de antemão, tudo já segundo o protocolo de enfrentamento de um câncer no reto! Na verdade, são muitos os perrengues do dia a dia, aquelas coisas práticas menores – tipo hemogramas e mais hemogramas –, e tudo tendo de ser enfrentado com aquela sensação chata de que isso não acaba nunca! Na real, muitos dos perrengues que me disseram que aconteceriam de tal forma não se realizaram, ou ocorreram de modo diverso – e, de outro lado, algumas etapas que me disseram que seriam tranquilas quase me mataram de sofrimento, como ocorreu, por exemplo, com as sessões de radioterapia. O velho clichê: "cada um reage de um jeito"!

9

A coleta de óvulos

Sem maiores delongas, na própria consulta em que o Doutor Henry me noticiou o câncer, o Doutor Pedro já foi direto: "como o seu câncer é no reto, os raios da radioterapia poderão atingir o seu ovário e o seu útero; eu farei o possível para que isso não aconteça, mas a chance de não atingimento é baixa; então, antes de iniciarmos as sessões de rádio, precisamos coletar os seus óvulos e congelá-los, para que você possa ter filhos no futuro".

Imagina quanta tristeza para uma mulher ouvir isso. Fiquei branca, quase caí. Na real, até então eu nunca havia pensado em ser mãe. Mas uma coisa é você nunca ter pensado em ter filhos; outra, beeem diferente, é você ouvir que não poderá mais gerar um filho pelo método tradicional.

A coleta de óvulos

> **Uma coisa é você nunca ter pensado em ter filhos; outra, beeem diferente, é você ouvir que não poderá mais gerar um filho pelo método tradicional.**

Uma sensação de tristeza profunda, daquela que vai no cerne da sua existência e lhe retira o poder de escolha de gerar, ou não, um novo ser pelo método tradicional. Tanto isso é verdade, que eu nem conseguia mais raciocinar. Quando senti que ia desabar, quando o meu corpo começou a bambear, pedi a ele que chamasse a minha mãe, porque percebi que não daria para continuar ouvindo aquilo sozinha...

Na minha cabeça, esse foi o primeiro momento em que a ficha caiu, de vez e irremediavelmente. E eu entendo perfeitamente o porquê: até ali, estávamos falando de um câncer no reto, em estado avançado; agora, já estamos numa nova realidade, com uma perda concreta, palpável. Foi-se um pedaço de mim.

Mas como sempre aconteceu comigo desde o diagnóstico do câncer, depois da pancada e do incondicional apoio da minha mãe, eu vesti a minha armadura do pragmatismo, e pronto! Eu terei de me entupir de hormônios, para depois coletar os meus óvulos para congelar? Bora colher óvulos, gente! Engatemos a marcha primeira e sigamos em frente, sem titubear...

Mas a coisa foi bem mais amarga do que eu imaginava. Especialmente, pela correria. Como o meu câncer estava avançado, o Doutor Pedro foi logo avisando: "esse processo de coleta normalmente é realizado com respeito, na medida do possível, à resposta biológica do organismo; como o seu tumor está avançado, teremos de correr e concluir a coleta em doze dias". Traduzindo: precisei tomar hormônios em doses cavalares!

Devido a esse atropelo do prazo, a coleta de óvulos se transformou num dos períodos emocionais mais dolorosos do meu tratamento. Ora, uma coisa é a mulher, por livre e espontânea vontade, resolver congelar os seus óvulos para ficar tranquila e poder ter os seus filhos quando quiser, e com quem quiser! Outra, beeem diferente, é você ter de se submeter a esse procedimento na correria, sem nunca ter pensado, sequer, em ter filhos! Na real, eu nunca fui muito fã da história de instinto materno (dá a impressão de que toda mulher nasceu para ser mãe, algo inato, quase obrigatório!), mas o fato é que a emoção tomou conta, e a realidade de eu não poder mais ter filhos naturalmente, nunca mais nessa vida, me jogou no fundo do poço...

Para complicar um pouco a coisa, esse também foi o momento em que, pela primeira vez, eu vi a minha mãe desabar. Como mãe, ela absorveu a dor desesperada da filha, e foi nocauteada! Saíamos de casa, estávamos no trânsito, nos afazeres ordinários do dia a dia mesmo, uma olhava para outra, e pronto, desabávamos em lágrimas; no supermercado, uma simples troca de olhares entre mim e ela e, do nada, estávamos em prantos!

Mas o tempo voa, e no dia seguintes eu já estava na clínica de reprodução, para a aplicação da superdosagem de hormônios. Em paralelo, tinham de ser realizados seguidos exames de ultrassom intravaginal, para o acompanhamento do amadurecimento dos meus óvulos! E foi a partir desses exames de ultrassom que veio outra bomba emocional: quando eu vi, ali no vídeo, os meus óvulos crescendo, ficando prontos para a coleta, eu desabei novamente! Gente, ver os meus óvulos ficarem prontos e sendo levados para o congelamento me provocou a sensação de que mais um pedaço de mim estava indo embora, como se eu estivesse deixando de ser uma mulher "completa", em definitivo!

> **Ver os meus óvulos ficarem prontos e sendo levados para o congelamento me provocou a sensação de que mais um pedaço de mim estava indo embora, como se eu estivesse deixando de ser uma mulher "completa", em definitivo!**

Houve, ainda, outra dor quase insuportável: com a reação do meu organismo à superdosagem de hormônios, quando os óvulos amadureceram eu fiquei com o corpo e o rosto muito inchados, muitas espinhas no rosto, a barriga cresceu, fiquei com uma barriguinha equivalente a uns três, quatro meses de gravidez (segundo a minha mãe!). Dito de outra forma: por alguns dias, eu senti o que é estar grávida, e naquele momento eu já sabia que provavelmente aquela seria a primeira e a última vez em que eu passaria por aquela sensação de grávida na minha vida! E haja pranto!

Mas deu tudo certo! Conseguiram colher uma quantidade mais do que suficiente para a geração de uma futura grande família, caso eu decida por isso. Tudo muito intenso, corrido, mas com êxito. Dois dias depois já estávamos nós, eu e a minha mãe, em outra clínica, para a primeira sessão de radioterapia...

O dia em que descobri que estava com câncer no reto.

Me preparando para a primeira aplicação de radioterapia.

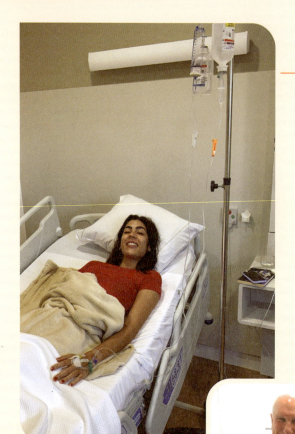

No hospital para a primeira sequência de quimioterapia.

Com o meu oncologista, o Doutor Henry Najman.

Comemorando a finalização da radioterapia 🙏!

Corrente de oração com meus avós e minha mãe.

Iniciando minha relação com a bolsa de ileostomia.

Registro da penúltima quimio.

Com meus pais, me preparando para a cirurgia de retirada da bolsa de ileostomia.

Com o Vicente na festa da Warner Chappell, no Rio, em comemoração aos 55 anos da editora no Brasil.

Bastidores do clipe da música *Arretada*.

Eu e minhas cicatrizes.

Primeiro show!!!

10

A radioterapia

De todos os procedimentos do enfrentamento ao meu câncer, a radioterapia foi, sem dúvida, aquele que mais me castigou, e também aquele que mais me deixou sequelas para o longo prazo. Se o processo de aplicação me pareceu algo simples, descobri com o tempo que o sofrimento, mesmo, vinha depois, quando adiantadas ou já concluídas as sessões. Pena que eu só tomei conhecimento disso na prática! Ou, pensando melhor, talvez tenha sido melhor assim, pois se eu soubesse que sofreria tanto, que seria um procedimento tão agressivo, talvez eu não houvesse suportado a ideia, tivesse "pirado o cabeção" e saído correndo por aí, fugidia, até as Muralhas da China!

Havíamos acabado de realizar a coleta de óvulos, e dois dias depois já amanheci no consultório do Doutor Pedro, para a primeira sessão de radioterapia. Como sempre acontecia no início de um novo procedimento, ele me explicou detalhadamente o que teríamos pela frente: "na radioterapia, raios ionizantes lhe serão aplicados por este aparelho (grande, muito parecido com o de ressonância magnética, mas sem o barulho!), com o objetivo de atingir e queimar o tumor; serão 28 sessões de 10 minutos; você chegará aqui todos os dias, será acomodada, o aparelho rodará e os raios invisíveis adentrarão no seu corpo até atingir o tumor, para queimá-lo, sem barulho e sem dor alguma; como o seu câncer é no reto, tomaremos todo o cuidado para que esses raios atinjam o mínimo possível outros órgãos, para que eles não sejam também queimados!". Na minha então inocência, pensei: "gente, eu entro, fico deitada, sem dor, sem barulho, 10 minutos, acabou – só isso? Partiu rádio, bora acabar logo com isso!".

Como o meu câncer foi no reto, o maior desafio médico seria fazer com que os tais raios invisíveis atingissem o tumor, sem maltratar demasiadamente outros órgãos próximos. Para quem não compreende bem o que é o reto, vamos lá, sem frescura: de um lado (externo), você tem o ânus; do outro lado (interno), você tem o intestino; o reto é a parte final do intestino (integrante, portanto, do intestino), que tem a função de armazenar as fezes, para lhe garantir um tempo para a ida até o banheiro; tudo muito próximo, já que o reto liga o último dos "cólons" (cólon sigmoide) ao ânus; enfim, o intestino faz o seu trabalho, as fezes resultantes vão para o reto e ficam nele armazenadas, para lhe proporcionar um tempo de chegada ao banheiro.

Grosso modo, aprendi que a radioterapia funciona pelo princípio da repetição sucessiva, o tal dito popular "água mole

A radioterapia

em pedra dura, tanto bate até que fura"! Eu tenho explicado esse funcionamento assim: imagine que você coloque um dos seus dedos sobre o fogo de uma boca do seu fogão num primeiro dia; no dia seguinte, você coloca o mesmo dedo sobre o mesmo fogo; e daí, repita esse ato por 28 dias seguidos (no meu caso, foram 28 sessões de rádio). Qual o resultado? Ora, no primeiro dia, dá uma queimadinha, mas você praticamente não sente dor alguma! Nas repetições seguintes, você já sentirá um pouco de dor, que irá aumentando progressivamente, até o atingimento do 28º dia, quando certamente você estará chorando de dor e o seu dedo já restará queimado, preto, ressecado, sem sensibilidade e sem vida alguma! Com a rádio ocorre o mesmo, só que com uma substancial diferença: como o seu cérebro não entende que você está sendo queimada aos poucos, progressivamente, dia após dia, não há dor alguma durante as aplicações! Ou, sinteticamente: rádio = queimar progressivamente, sem sentir dor durante o procedimento!

Moral da história: da 1ª até a 20ª aplicação, eu não senti praticamente nada, apenas percebi que a minha pele estava ficando inicialmente vermelha, depois roxa e muito fina, como se fosse uma folha de papel; porém, a partir da 21ª aplicação, me senti dilacerada; eu já estava com o ânus, as nádegas, o bumbum, as virilhas, a vagina e a lombar ressecados, escuros, queimados, pretos mesmo, em carvão, com um cheiro de queimado insuportável, e a minha pele se soltava, caía com um simples passar de mão! Eu não conseguia mais andar sozinha, usar a pomada hidratante em toda a região ficou impraticável, sentar nem pensar, ir ao banheiro era um sofrimento, todo um ritual para me deitar, tudo muito sensível, qualquer atrito gerava muita, muita dor! Da 21ª até a 28ª aplicação, eu permaneci nesse estado – e depois da última sessão a coisa ainda piorou, pois o meu bumbum começou a estourar, com a formação de um gigante furúnculo, um *alien*, com pus para tudo o que era lado!

Como o furúnculo não gostava de ficar sozinho, um corrimento vaginal chegou para lhe fazer companhia! Com essa dupla em ação, fui obrigada a conversar com o meu namorado e pedir uma suspensão temporária dos nossos encontros. Como me encontrar com o namorado com um furúnculo expelindo pus no meu bumbum, e com um corrimento vaginal descontrolado, que não parava nunca, como um rio perene?! Sério, gente, era como se as minhas glândulas de Bartholin, responsáveis pela lubrificação vaginal, tivessem sido perfuradas (na verdade, depois me explicaram que o tal líquido não tinha nada a ver com elas)!

E haja perrengues! Quando comecei a sentir que o corrimento vaginal estava diminuindo, eu passei a não conseguir mais controlar a bexiga, e era obrigada a ir ao banheiro incontáveis vezes, e quando lá chegava eu já estava toda ensopada de xixi! Pele preta, furúnculo, xixi descontrolado e corrimento vaginal – eita quarteto fantástico! Em relação a este último, houve até um momento cômico, de "sorte": de tão incomodada, fui reclamar com o Doutor Pedro, e pedir a ele uma solução para aquele meu rio gosmento, perenal, brava que só: "doutor, por favor, dê um jeito nesse meu corrimento, eu não aguento mais / eu sei que não será fácil para você ouvir isso, Ananda, mas o fato é que você deu muita sorte com esse seu corrimento vaginal / não entendi, doutor, sorte? / é que ele pode se dar pelo ânus, e aí é muito mais complicado, bilhões de bactérias na região anal, passagem das fezes, entendeu?". Confesso que, na

A radioterapia

hora, sem demagogia alguma, eu fiquei paralisada, em dúvida entre rir, ou chorar! Na real, a dúvida se dissipou, comemorei a minha "sorte", e nós dois acabamos rindo juntos! Me lembrou a música do Dilsinho e Matheus Fernandes, "é o que tá teno"!

Na real, eu e a minha mãe fomos para a radioterapia sem termos muita noção do quanto as minhas sessões seriam barra pesada. Nós só tomamos consciência disso por volta da metade das sessões, acho que na 15ª aplicação. Nesse dia, enquanto me aguardava na sala de espera, a minha mãe – que puxa conversa com todo mundo, até em velório! – começou a conversar com uma senhora, que ali estava esperando pelo início da sessão de rádio dela, e, segundo ela, o diálogo foi mais ou menos o seguinte: "onde é o câncer da Senhora? / na tireoide, muito grave; e o da sua filha? / o dela é câncer no reto; quantas aplicações a Senhora fará? / nossa, nem me diga, o meu está num estado avançado, serão necessárias quinze sessões, de cinco minutos cada".

> Eu e a minha mãe fomos para a radioterapia sem termos muita noção do quanto as minhas sessões seriam barra pesada.

Nesse ponto do diálogo, a minha mãe interrompeu abruptamente a fala, dissimulou a dor e foi correndo para o banheiro, e lá desabou a chorar e nunca mais teve forças para retornar à conversa. Por quê? Ora, porque quando a tal senhora falou em câncer grave, muito avançado, e na necessidade de quinze sessões de cinco minutos, o cérebro da minha mãe fez rapidamente o cálculo das minhas aplicações e o resultado foi uma pancada, um chute de realidade: enquanto a senhora receberia radioterapia por 75 minutos (15 X 5 = 75), eu me submeteria a um total de 280 minutos (28 X 10 = 280)! Quando a minha mãe me contou esse episódio no carro, no retorno para casa, ela estava abatida, assustada, consciente de que estavam me submetendo a uma dose cavalar de rádio! E, claro, a partir deste momento, passamos a ter consciência de que os efeitos colaterais não seriam moleza...

Ainda sobre os efeitos da radioterapia, outro aspecto doloroso merece ser abordado: a minha sexualidade. Durante as 28 aplicações de rádio eu estava namorando, apaixonada que só. Perguntei, então, ao Doutor Pedro se eu poderia transar ao longo das aplicações, e ele me respondeu, com uma objetividade ululante: "se você conseguir, não só pode como deve"! Na primeira semana, então, levei a sério o "dever" a mim imposto, e eu e o meu namorado não perdemos tempo! Entretanto, exatamente depois da 7ª aplicação, quando começamos a fazer sexo, eu senti uma dor dessas que nos leva a outro mundo, de tão intensa, e a minha resposta automática foi um grito que o menino quase morreu de susto! Conversei, então, com o Doutor Pedro, e ele me disse que, de fato, dali por diante, provavelmente, seria impossível eu continuar a transar. Foi uma notícia horrível, pois, naquele momento, a minha paixonite era uma das poucas coisas – além da música – que ainda me davam prazer...

A radioterapia

Mas aí, na minha consulta seguinte com o Doutor Pedro, esse quadro da sexualidade se tornou ainda mais doloroso, depois de recomendação dele, mais ou menos assim: "Ananda, eu sei que você não está mais conseguindo transar, por causa das dores decorrentes da rádio; mas não podemos deixar os seus órgãos esquecerem da função sexual deles, ou então eles atrofiarão (canal vaginal, glândulas de lubrificação etc.); é preciso que, pelo menos, você simule uma relação sexual, para que eles permaneçam 'em atividade'; por favor, adquira um pequeno vibrador e simule você mesma os movimentos próprios de uma penetração, com cuidado, no limite da sua dor".

Partiu vibrador! Comprei um "pintinho" bem pequeninho e, mesmo com toda a dor e ardência, fui aos poucos aprendendo a usá-lo em mim, liberando a vibração devagarzinho, num passo a passo cuidadoso – não em busca de prazer, mas com o fim de "enganar" os meus órgãos sexuais, para que eles não atrofiassem! Na prática, então, o meu rolê de sexo com prazer foi mesmo somente até a 7ª sessão; a partir da 8ª sessão, com o vibrador ou com o namorado, já era na força de vontade mesmo, devido aos perrengues da dor...

Ora, acho que nem preciso dizer que essa segunda fase, do uso do meu vibrador mirim, foi terrível para mim! Terrível porque imaginem a triste ironia: o uso de um vibrador, sempre associado à busca de prazer, sendo adotado por mim com uma finalidade meramente fisiológica, e com os olhos cheios d'água de tanta dor e ardência nos meus órgãos sexuais; como realizar essa tarefa inglória, com tanta dor física e resistência do próprio corpo, e ainda ter que administrar a autoestima diante desse quadro? Mas como tudo nessa vida tem o tal "outro lado", de tanto pensar a respeito e insistir nos movimentos, lá pelas tantas eu não sentia mais tanta dor, e já não estava achando a brincadeira tão ruim assim! Dei nome ao vibrador mirim (é segredo!), acabei adquirindo outros "irmãos" mais crescidinhos para fazer companhia a ele, e ainda hoje, vira e mexe, recordamos, agora voluntariamente e de bom grado, as nossas brincadeirinhas sexuais, cada vez mais criativas! E viva a descoberta de uma nova Ananda, mais Livre, Mulher, Sexual e Gostosa! Oh, *yeah*!

> Viva a descoberta de uma nova Ananda, mais Livre, Mulher, Sexual e Gostosa! Oh, *yeah*!

Recentemente, o Vicente me enviou uma matéria sobre novas técnicas de enfrentamento ao câncer colorretal que já estão na fase de testes nos Estados Unidos. Entre as inovações, há um novo protocolo que, supostamente, dispensaria a aplicação de radioterapia nos tipos de câncer como o meu. No meio da leitura eu me emocionei. O choro, por óbvio, não foi pelas inovações, que, esperamos, tragam mais conforto e efetividade no enfrentamento à doença, por meio de procedimentos menos agressivos; foi pela lembrança do meu sofrimento – físico e emocional – em decorrência das 28 sessões de rádio. Na real, acho até difícil entender como eu tive forças para aguentar tamanho sofrimento, suportar um procedimento tão invasivo ao nosso corpo e às nossas emoções. Mas sobrevivi – e ainda com as dores da rádio pelo corpo, já íamos nós, eu a e minha mãe, para a 1ª sessão de quimioterapia venosa! #Oshowtemquecontinuar!

11

A quimioterapia

Concluídas as 28 aplicações de radioterapia, concederam-me um breve intervalo de duas semanas para eu reencontrar as minhas forças e, terminado esse período, lá estávamos nós, eu e a minha mãe, numa linda manhã com cheiro de mar, saindo da nossa casa rumo à 1ª sessão de químio.

Em verdade, as aplicações de quimioterapia já haviam começado bem antes, simultaneamente às sessões de radioterapia. Durante as 28 sessões de rádio, eu já tomava, em paralelo, doses diárias de quimioterapia oral ("Xelox", seis comprimidos monstros por dia), numa espécie de preparação para o pior, que viria pela frente, que seria a químio venosa! Bora colocar essas veias para trabalhar!

Diferentemente da radioterapia, a químio injetável já me fez muito mal desde a primeira aplicação! E já me senti mal ali,

A quimioterapia

durante a aplicação, e os incômodos me acompanharam pelas horas seguintes, até coisa de dois, três dias. Depois passa, e o sofrimento só retornará na próxima aplicação, alguns dias depois.

Seriam quatro sessões de aplicação até o momento da cirurgia de retirada do tumor, para limpar o meu sangue, e o Doutor Henry nos apresentou como seria essa nova batalha: "a sua quimioterapia não será moleza, mas nada pior do que a rádio; nós temos de optar entre dois medicamentos venosos, igualmente eficientes, mas com modos de aplicação distintos: (a) se optarmos por continuar com o "Xelox", que até aqui você tomou via oral, ele agora poderá ser ministrado na veia, tipo aquele furinho no braço para tirar sangue, em sessões de três horas, a cada três semanas; ou (b) poderemos optar pelo "Folfox", mas este só poderá ser aplicado via cateter, a ser fixado em você por meio de uma incisão realizada abaixo da sua clavícula; as aplicações do "Folfox" seriam a cada duas semanas, em sessões de três horas, mas você levaria uma bolsinha para casa com o medicamento, que continuaria a ser ministrado pelo cateter por mais dois dias, já que este estará costurado em você; passados os dois dias, terminado o Folfox da bolsinha, você retornará ao hospital para devolvê-la".

Num primeiro momento, eu não tive dúvida! Se, pela opção 1 ("Xelox"), não haverá corte algum no meu corpo, e eu não terei de andar com uma bolsinha de quimioterapia por dois dias a cada duas semanas, qual seria a dúvida?! Ora, eu sou música, no segmento pop, em que a aparência física (infelizmente) conta muito; por que não evitar uma nova cicatriz, num lugar tão exposto do meu corpo?! Comovido pelo meu entusiasmo pró "Xelox", o Doutor Henry ponderou: "tudo bem, eu respeito a sua escolha, mas preciso lhe alertar: aqui na clínica, nós sempre indicamos o "Folfox", ministrado pelo cateter, e a razão para essa preferência é que, na maioria das vezes, os pacientes não suportam os efeitos colaterais da aplicação do Xelox pela veia do braço, é muito raro alguém aguentar até o fim".

Como reforço à sua ponderação, ele retirou da gaveta, enquanto falava, uma, duas, três, quatro folhas de papel A4, com texto frente e verso, e me pediu, gentilmente: "leia, por favor"! Meu Deus, era a enumeração dos possíveis efeitos colaterais da químio com "Xelox", ministrado na veia do braço! Havia tantos efeitos colaterais indicados naquela lista que eu fiquei imaginando se alguém já teria lido todo o conteúdo, e ainda tido coragem de optar pelo "Xelox"! Para não correr o risco de desistir ali mesmo, eu só dei uma passada rápida com os olhos pelas quatro folhas, e ratifiquei logo a minha opção: "vamos de 'Xelox' na veia do braço, Doutor"!

Eu mal sabia o que me aguardava! O medicamento entra na sua veia, vai levando tudo, como um tsunami, e a sensação é realmente de tortura: três horas com aquela agulha no seu braço, a veia não aguenta, todo o colorido do mundo se torna cinza, não há mais sabor no mundo, a alegria desaparece da sua vida, o mal-estar toma conta de você, do seu corpo, do seu ser, muito além de uma agressão à veia! E haja efeitos colaterais: perda total do apetite, enjoos, náuseas, vômito, fraqueza, constipação, diarreia, aversão a certos alimentos etc. Não foi à toa que, durante as aplicações de químio, eu emagreci dez quilos! Ora, para mim, que então pesava uns 64 kg, essa perda de peso equivaleu a quase 16%!

A quimioterapia

> Três horas com aquela agulha no seu braço, a veia não aguenta. Todo o colorido do mundo se torna cinza, não há mais sabor no mundo, a alegria desaparece da sua vida, o mal-estar toma conta de você, do seu corpo, do seu ser. É muito além de uma agressão à veia!

O efeito colateral de adquirir pavor a certos alimentos gerou um episódio cômico. Quando fui para minha primeira sessão de quimioterapia, a senhora da alimentação passou e me perguntou o que eu gostaria de comer naquele dia. Eu senti um cheirinho bom e perguntei o que era: "frango com brócolis", ela me respondeu. Huuum, cheirinho bom, vou querer um desses, frango com brócolis! Cara, veio a aplicação da químio, com os seus perrengues típicos – náusea, enjoo etc. –, e eu nunca mais consegui colocar um brócolis na boca! Quando eu chegava à clínica e via aquele carrinho de comida passando, o cheiro invadia a minha alma, e a corrida para o banheiro era inevitável! Mais para o final das aplicações, eu nem precisava mais avistar o carrinho de comida: era só eu chegar à clínica, abrir a porta e lá já estava o cheiro dos brócolis me esperando! Até hoje, gente, só de imaginar aquele cheirinho de frango com brócolis me dá calafrios, fico arrepiada e sou forçada a disfarçar a náusea e dar uma leve cuspida! Que coisa, né?! O cérebro da gente é muito doido, né?!

Havia, ainda, na lista de efeitos colaterais, um que me pareceu inusitado e pouco compreensível: eu não poderia ter contato algum com o frio, tipo encostar em objetos frios ou frequentar ambientes frios! Como é isso, Doutor Henry? "É algo inefável, eu não saberia explicar em palavras; mas não se preocupe, se acontecer, você vai saber na hora" – foi a resposta dele. E aconteceu! Adeus mar (água fria), adeus abrir a porta da geladeira para pegar um alimento ou uma bebida, adeus restaurante com ar condicionado etc.

Num fatídico dia, logo depois da 1ª sessão de químio, eu me distraí, abri a geladeira rapidamente, peguei um copo d'agua e levei à boca! Na real, foi uma das piores sensações da minha vida, realmente indescritível, como se eu estivesse levando um choque brutal pela garganta por ter encostado a língua num fio elétrico! Eu fiquei incapacitada, sem controle algum sobre a minha língua, o meu braço duro, inflexível, o meu corpo todo começou a entortar, eu me contorcendo toda, sem conseguir falar – muito bizarro, cena de filme de terror, como a Samara, do filme "O Chamado"!

Outra pancada de efeito colateral foi a tal constipação, que eu mal sabia o que era até então. Na real, a tal constipação decorrente do tratamento com quimioterapia nada mais é do que a velha conhecida prisão de ventre! Enfim, as suas fezes ficam

A quimioterapia

endurecidas, ressecadas, você tem dores, cólicas horríveis, e não consegue ir ao banheiro fazer o número 2 por nada desse mundo! O que faz isso passar, Doutor? Não se preocupe, as cólicas cessarão completamente, quando você conseguir ir ao banheiro, e fizer um mega número 2! Mas quando, Doutor? Quem sabe? – só quando a hora do número 2 chegar!

Gente, eu gritava, eu urrava, até o vizinho veio à nossa casa numa noite, tamanha a altura dos meus urros! Foram dois dias assim – manhã, tarde e noite, sem trégua –, e a dor era tão intensa que, de tanto eu urrar e andar pela casa como um zumbi, nos dois dias a minha mãe acabou me levando de volta para o hospital, para, pelo menos, me tranquilizarem por lá! E nada resolvia, nem laxante, nem bolsa de água morna, nada! O Doutor Henry foi até o hospital, todo querido, mas no fundo ele sabia que não havia muito a fazer, que aquelas cólicas só terminariam quando, em algum momento, em conseguisse ir ao banheiro e fizesse um mega *power* número 2 – e isso, por óbvio, não dependia dele! Na segunda noite, quando eu já estava no hospital para tomar algum medicamento que me aliviasse um pouco as cólicas, lembro que perdi completamente o controle, e gritei: "pelo amor de Deus, telefonem para o Doutor Henry, me enfiem um cateter, me cortem toda, me encham de cicatrizes, mas eu não quero mais passar por isso"!

Foi, então, durante essa minha crise de constipação, que eu dei o braço a torcer e passei a admitir que o Doutor Henry estava certo ao recomendar o uso do cateter! Logo depois da 2ª sessão de químio, eu já havia entrado para a estatística dele, como mais uma paciente que não conseguiu suportar até o fim a aplicação de químio pela veia do braço! A partir da 3ª sessão já migramos para o "Folfox", aplicado via cateter, e talvez de tão traumatizada pelas dores, eu já nem sofria tanto diante da realidade da chegada da primeira cicatriz!

Com a mudança para o "Folfox", aplicado via cateter, os sintomas não desapareceram, mas o pior deles, a tal constipação, melhorou bastante. É verdade que, para compensar essa melhora na prisão de ventre, as náuseas e os enjoos pioraram! Não havia milagre, num ou noutro método de aplicação, com um ou outro medicamento, era a quimioterapia que invadia o meu corpo, e ia dilacerando tudo por onde passava! Mas hoje eu não tenho dúvida: se eu pudesse voltar no tempo e fazer uma nova escolha, certamente eu optaria pelo cateter, direto, desde o início!

Quando eu olho para trás e lembro que, quando todos esses perrengues da químio chegaram, eu ainda estava sob os efeitos nefastos da radioterapia, a emoção bate! Se algum dia lhe disserem que durante o enfrentamento de um câncer no reto a paciente não tem tempo nem para respirar, pode acreditar! Quando eu digo que fiquei meio no automático, que engatei a primeira marcha e fui, sem muito pensar, é a mais pura verdade! Como pensar, refletir e chorar a morte da bezerra durante aquele período? Impossível, não dá tempo! Eu ainda estava administrando as sequelas da rádio – toda a região queimada do bumbum para cuidar, a obrigação de continuar a "brincar" com os meus vibradores (sim, agora no plural, e de portes distintos!) etc. – e a químio já entrava nas minhas veias, com os enjoos, as náuseas, a constipação, a ausência total de apetite, o medo do frio etc. Num turbilhão desse, e uma amiga minha chega e me pergunta: "e o sexo, Ananda, como está?". Se liga, minha filha!

A quimioterapia

Que sexo? Tenho de hidratar o meu bumbum, cuidar da minha metade carvão primeiro, criatura!

> Quando eu digo que fiquei meio no automático, que engatei a primeira marcha e fui, sem muito pensar, é a mais pura verdade!

Na real, durante as sessões de rádio e químio a nossa sexualidade fica muito, muito apagada mesmo. Ou não sobra tempo – pela maratona diária de exames, consultas, cuidados com os sintomas etc. –, ou temos disponibilidade e as emoções não ajudam. Eu ainda tentava, eu precisava me sentir um pouco mulher, lembrar que eu ainda era uma gostosa, comprava uma lingerie *sexy*, fazia um "esquenta" com os meus amigos vibradores, mas as dores incomodavam muito, e a minha autoestima estava no fundo do poço! Para completar o quadro, como miséria pouca é bobagem, o meu namorado também estava passando por uma fase complicada, e o ânimo dele para o sexo andava mais baixo do que a temperatura na Antártica! Aí fica difícil, né?! Mas na verdade, cá entre nós, esse climão até me agradava, pois, de um lado, eu alimentava a minha autoestima com a lingerie, me achava bonita; de outro, eu não sentia frustração alguma, pelo não comparecimento do *boy*! Vida que segue... mesmo sem sexo!

Bem, o que eu relatei até agora diz respeito às quatro sessões de químio realizadas antes da cirurgia principal, de retirada do tumor. Faço essa ressalva porque, pelo protocolo médico adotado, concluídas as quatro primeiras sessões de químio, suspenderíamos as aplicações e eu me submeteria, desde logo, à cirurgia principal, para a retirada do tumor, devido ao risco de ele crescer, alargar, e atingir os meus tais 2 cm, que ainda me davam esperança de os médicos conseguirem salvar o meu ânus. Então, aqui neste ponto, daremos um "pular cirurgia", e eu narrarei nos parágrafos seguintes o meu retorno às sessões de químio, mas no período pós-cirúrgico. Em outro capítulo, voltaremos ao momento da cirurgia principal, de retirada do tumor.

Logo depois da cirurgia de retirada do tumor, eu retornei à químio, para mais seis sessões, já programadas desde o início do tratamento. O objetivo, agora, era afastar o risco de recidiva, por meio da redução da possibilidade de recaída tumoral em outros órgãos. Que retorno! Se antes eu já havia sofrido horrores com as quatro sessões de químio, imagine agora, comigo no delicado período pós-cirúrgico, em que eu estava muito fraca, não conseguia me alimentar direito e, ainda por cima, estava me familiarizando com o uso da bolsinha de ileostomia! Mas vamos lá, pois o lema agora já é outro: o pior já passou, que foi a cirurgia principal, de retirada do tumor!

Nas cinco primeiras sessões de químio depois da cirurgia, o sofrimento foi grande, mas eu estava com tanta coisa nova para administrar – os cuidados com a recuperação, a ausência de fome, a familiarização com a bolsinha de ileostomia etc. – que fui no automático! Eu chegava, sofria, ia embora, suportava os dois dias com a segunda bolsinha (uma de ileostomia, outra

A quimioterapia

com o medicamento da quimioterapia), voltava ao hospital, tirava a bolsinha da químio – e tudo certo, vamos logo para casa, porque hoje é o dia de trocar a bolsinha de ileostomia! Sério, eu nem vi, nem senti direito os cinco perrengues, na máxima de que se você quer fazer uma dor de cabeça passar imediatamente, corte um dedo fora!

Mas depois da 5ª aplicação eu, literalmente, pirei o cabeção! Senti ali que não dava mais, o meu corpo todo não aguentava mais! O meu olfato já sentia todos os odores da químio – a chegada ao estacionamento, a entrada na clínica, a sala de espera, o ingresso no corredor da sala de aplicação, tudo já me cheirava à quimioterapia! No caminho de volta para casa eu passei mal, vomitei todo o carro, e foi neste momento que eu disse a minha mãe, com toda a calma do mundo: "mãe, eu não tenho mais condições de fazer químio; mãe, o cansaço tomou conta de mim; eu não farei mais sessão alguma, estou entregando a Deus!".

Como dessa vez eu não estressei, e me expressei com plena serenidade, a minha mãe me levou muito a sério, pegou o telefone e ligou para o Doutor Henry, firme como uma leoa em defesa dos filhotes: "Doutor, a Ananda está muito fraca, sem força até para atravessar uma rua sozinha; ela não tem condições de se submeter a mais químio; o senhor que se vire, pense em outra alternativa, se houver, mas ela não voltará mais à químio!". Do outro lado da linha, o Doutor Henry também viu que o rugido da leoa era coisa séria, foi empático e encerrou o assunto, com elegância: "Sônia, oito aplicações já teriam sido suficientes; se ela já fez nove sessões, acabou, não se fala mais em quimioterapia"! Quando eu ouvi essa frase no viva-voz do carro, eu desabei a chorar, um choro minguado, sem força, mas um dos mais profundos e sofridos da minha vida! Eu só conseguia dizer "obrigado, mãe, eu te amo!". E foi assim, comigo e a minha mãe no carro dela, que o assunto químio foi encerrado, e eu nunca mais coloquei os meus pés numa clínica de quimioterapia – e, se Deus quiser, nunca mais o farei! #Quimiofree!

12

Uma amizade complicada

Não pense você que é por vaidade que eu decidi criar um capítulo tão somente para homenagear uma amiga! É por justiça! A mais pura justiça! Você sabe aquele ser que aparece na sua vida somente para lhe fazer o bem, ou para chamar a sua atenção para algum aspecto importante da sua vida? Mesmo sem saber da sua crença religiosa, ou de alguma queda pelo misticismo, eu aposto que situação como essa já aconteceu na sua vida! E veja, eu não estou, aqui, falando daquelas amizades antigas, que vêm da infância, de jeito nenhum! Estou falando de uma amizade fugaz, de alguns meses, que chegam, cumprem o seu importante papel e desaparecem da sua vida! Pois eu tive, no curso do meu enfrentamento ao câncer, uma amiga passageira, mas muito especial.

Gente, foram apenas seis meses de convívio, mas a nossa história daria um filme! No início, eu sofri muito com ela, reclamei, xinguei! Então, o filme seria americano, do tipo *love story* mesmo, em que, no início, a dupla se estranha um bocado, mas, com o tempo, um vai conhecendo o outro, se familiarizando, e no final acabam bem! Nos seis meses de amizade, ela me deu um trabalhão danado, e ainda me colocou em maus lençóis, em razão de algumas manias dela, especialmente a de soltar pum barulhento em público, naqueles momentos mais inconvenientes! Além do pum, ela também fazia outros barulhos estranhos, especialmente quando estava trabalhando duro! Outro aspecto que também me incomodava um pouco era a permanente exigência de cuidados, como se ela fosse um bebê! Um pouco grudenta, não me soltava em momento algum, nem mesmo quando eu ia ao banheiro fazer xixi! Mas para se defender das minhas ofensas, sempre que eu me incomodava muito, ela me olhava e, mesmo sem dizer uma palavra, eu já entendia a bronca: "eu só estou cuidando de você, Ananda, aposto que você não viveria sem mim"!

E não é que, com o tempo, eu fui, mesmo, me afeiçoando a ela! Sem exagero, eu não sou nada possessiva nas minhas relações, mas cheguei a ter ciúme dela! Ciúme e superproteção, pois nunca deixei ninguém, ninguém mesmo, nem a minha mãe, encostar a mão nela! Mesmo quando ela se borrava toda, eu fazia questão, não abria mão de higienizá-la! Eu a trocava e a higienizava sozinha, sem ninguém por perto, tamanho era o meu cuidado! E quanta intimidade desenvolvemos nesses seis meses! Sim, foi ela quem mais me viu pelada nesse período, que me via fazer xixi dia e noite – e, acredite, chegou a presenciar as minhas brincadeiras e os meus pequenos fetiches com os meus vibradores! Tudo bem, é certo que tivemos nossos conflitos, eu a xinguei com palavrões horrorosos, cheguei a ter um surto por causa dela na ida para uma festa com o meu pai, ela me sacaneou algumas vezes (tipo soltando pum barulhento em pleno estúdio, naquele silêncio de gravação de uma música!), mas, no frigir dos ovos, eu pedia desculpa, ela me ouvia silenciosamente, o amor se fortalecia e nunca desgrudávamos uma da outra!

Bem, se eu fui tão carinhosa e paciente com ela – a ponto de limpá-la e trocá-la centenas de vezes! –, certamente eu também ganhei algo nessa relação, certo? Certo! Foi com ela que, depois da retirada do meu tumor, eu comecei a resgatar o meu amor-próprio, a minha autoestima, o meu empoderamento como mulher, o amor e o respeito que eu tenho hoje pelas minhas sete cicatrizes e, principalmente, a entender o real significado da humildade – diante do infortúnio, diante da minha fé em Deus. Sério, amiga, foi com você que eu comecei a encarar com amor as sete cicatrizes espalhadas pelo meu corpo, veja que coisa mais linda você me trouxe!

Obrigada, Querida Bolsinha de Ileostomia! Você salvou a minha vida, Amiga!

Concluída a ode à Bolsinha, falemos seriamente sobre o assunto! Uma bolsinha de ileostomia funciona como uma substituta do intestino. No meu caso, num linguajar de leigo, tivemos o seguinte: como o meu tumor cancerígeno foi no reto (parte média, entre o cólon e o ânus), esse órgão foi praticamente retirado na cirurgia; ato seguinte, a porção final do cólon seria, então, diretamente ligada ao ânus (já que

> Foi com ela que, depois da retirada do meu tumor, eu comecei a resgatar o meu amor-próprio, a minha autoestima, o meu empoderamento como mulher, o amor e o respeito que eu tenho hoje pelas minhas sete cicatrizes e, principalmente, a entender o real significado da humildade.

o segmento intermediário, o reto, foi extirpado); só que, por razões óbvias, no período imediatamente seguinte à cirurgia, necessário à cicatrização dos tecidos afetados, as fezes não poderiam passar pela região; o intestino foi, então, temporariamente desviado para a bolsinha de ileostomia (externa, presa ao meu corpo), a partir do íleo (intestino delgado); uma porção do meu intestino passou, então, a funcionar externamente, acoplada a uma bolsinha, que serve para armazenar as fezes; concluída a recuperação da região afetada pela cirurgia de remoção do tumor, eu me submeti a uma nova cirurgia, para a retirada da bolsinha e o religamento regular do intestino ao ânus. Simples assim. Ou, complicado assim!

Na real, eu sou mesmo muito grata a ela, bolsinha de ileostomia! Não há ironia alguma nessa minha afirmação. Ela realmente soltava pum, fazia o número 2 e emitia outros barulhos estranhos nos lugares mais impróprios, tipo num minúsculo estúdio, em que eu e mais três produtores trabalhávamos na produção de uma das minhas músicas, naquele silêncio típico! Ora, ela era o meu próprio intestino funcionando, mas com uma diferença fatal: eu não possuía controle algum sobre ela! Logo, os puns, as fezes e os barulhos diversos vinham quando tinham de vir, não havia a menor chance de eu segurar até a chegada ao banheiro (no funcionamento regular do nosso organismo, o ânus consegue segurar, por meio do músculo esfíncter)! Também é verdade que ela me dava um trabalho danado com a limpeza, já que estava sempre exigindo trocas e higienizações! Por fim, eu desenvolvi mesmo uma relação amigável com a minha bolsinha, e realmente não deixei ninguém – nem a minha mãe, nem as enfermeiras – tocar nela durante os seis meses em que convivemos, lado a lado, literalmente!

Agora, um aspecto bem feminino, sobre o qual as mulheres falam pouco. Num tratamento tão longo como foi o meu, no auge da sexualidade, a masturbação é algo praticamente necessário. No período anterior à cirurgia de retirada do tumor, a partir da recomendação do meu médico, eu consegui desenvolver bem o meu potencial de sentir prazer com os meus vibradores. Com a realização da cirurgia e o uso da bolsinha de ileostomia, porém, a minha autoestima foi ao chão, eu não conseguia mais me imaginar sexy, nem sentir tesão com o meu corpo. Eu já estava sem namorado nesse período, e iniciei então uma busca de reconexão com a minha sexualidade, com o meu desejo. Mas veja só como somos seres complexos! Devido ao uso da bolsinha de ileostomia, eu não conseguia mais me desejar, me ver como uma mulher atraente. Não rolava tesão algum. Eu pegava o meu vibrador, olhava para o meu corpo, parava os olhos nas minhas cicatrizes e na minha bolsinha, lembrava da minha ausência de lubrificação – e pronto, nada de tesão, brochava geral!

> "Você é linda, sexy, atraente, eu sou apenas um detalhe, não mudo nada nessa sua realidade de gostosa!"

Esse período, de tentativas frustradas, levou uns cinco meses, no zero-a-zero total! Mas numa madrugada, quando eu estava no banheiro da minha casa com a bolsinha colada ao meu corpo e com um vibrador na mão, rolou um momento muito importante no meu reencontro com o tesão, em que a minha amiga bolsinha "falou" diretamente comigo, coisa do tipo: "Menina, você não vai se desejar por minha causa? Que bobeira, deixa disso! Se você não se desejar, como você vai se mostrar desejável para outras pessoas? Se você não se achar bonita, quem vai desejar você? Como se mostrar gostosa para os outros, se você mesma não se acha? Você é linda, sexy, atraente, eu sou apenas um detalhe, não mudo nada nessa sua realidade de gostosa!". Gente, gente, começou ali o meu reencontro com a autoestima, com o amor-próprio, com o autoconhecimento do meu corpo, com a liberdade e a criatividade para me tocar – e, principalmente, com um tesão danado por mim mesma! Quarenta minutos depois, eu já estava aguardando o sono chegar, leve, solta, toda molhada e realizada! Obrigado, Amiga!

13

O efeito câncer sobre os *boys*

Durante o período de enfrentamento ao meu câncer, três *boys* passaram pela minha vida. Cada a um a seu modo, todos tiveram alguma importância no meu processo de enfrentamento ao câncer.

No primeiro período, eu namorava um primo (filho de uma tia querida, irmã da minha mãe) que então morava em Vitória/ES. O nosso namoro, sempre à distância, durou quase cinco anos, e ele sempre foi um amor comigo, lindo, carinhoso, atencioso, o companheiro completo. Ele foi o meu namorado das primeiras vezes, das descobertas, em tudo o que se possa imaginar de um namoro jovem, romântico, carinhoso e feliz! O primeiro beijo, a primeira transa, as primeiras viagens a dois, e outras coisas mais! Talvez, se não fosse o elemento família, morreríamos juntos! Mas manter um namoro em família não é fácil, é muita complexidade ("é namoro ou família?") a ser administrada por uma pós-adolescente.

Mas, nesse primeiro namoro, não há nem que se falar em término do amor; o amor nem diminuiu, só mudou de face, e dele eu terei a eterna e lúdica lembrança do meu primeiro amor. E eu sei que é recíproco. Não é à toa que, com a descoberta do meu câncer, em momento no qual não éramos mais namorados, eu sei que ele sofreu muito, muitíssimo, e nunca deixou de rezar por mim, em conjunto com a nossa linda família. Ele saiu do Espírito Santo e veio até o Rio, num rápido bate e volta por causa do trabalho dele, só para me dar um abraço presencialmente, que me foi muito valioso. Ai, ai, Zé, meu primeiro amor!

Em seguida, no segundo semestre de 2020, eu conheci outro menino, de São Paulo. Foi uma grande mudança – do meu primo para esse novo namorado –, pois ele se encontrava em outra fase de vida, trabalhando autonomamente e viajando pelo mundo – e, o mais importante, ele não era meu primo! Diante de tanta novidade, eu entreguei, claro!

Coisa do destino, foi justamente na época em que eu o conheci – na véspera da viagem à Bahia, para o réveillon de 2021 – que os sintomas do meu câncer pioram muito, e que também surgiu o novo perrengue, o muco nas fezes. Num início de namoro, impossível ter coragem para falar sobre o assunto, nem pensar em revelar a ele a minha bacia para banho de assento, permanentemente presente na minha bagagem – e muito bem camuflada nas viagens que fazíamos juntos.

Os sintomas pioraram muito, era tanto sangramento que numa das minhas idas ao banheiro eu acabei deixando para trás alguns pingos de sangue pelo vaso sanitário, e ele veio conversar comigo, discreta e elegantemente, momento em que, finalmente, eu tomei coragem e falei sobre os sintomas com ele. Que momento difícil, que desconforto, que vergonha eu senti naquela hora! É óbvio que, num olhar de hoje, tudo parece muito fútil, superficial, alguém ter esse tipo de constrangimento diante de uma doença tão grave. Mas naquela época, eu sequer sabia da gravidade da doença, muito menos imaginava um câncer; eu pensava, no máximo, que a tal bolhinha no ânus tinha evoluído para uma hemorroida, ou que havia entrado em crise aguda.

Nesse primeiro momento, ele foi discreto comigo. Além de atencioso, ele ainda fez algo que veio a ser muito importante na minha vida: foi o primeiro a falar sobre o assunto com o meu melhor amigo desde a infância em Joinville, que, naquela altura, já estava muito próximo de concluir o curso de medicina. Foi, portanto, a partir da iniciativa dele que o meu câncer foi descoberto nos dias seguintes, no início do ano novo.

O tempo passou, o câncer foi diagnosticado e eu tive de me submeter, de imediato, aos pesados tratamentos de enfrentamento à doença. Comecei com o congelamento de óvulos (já que, com os procedimentos agressivos do tratamento que se iniciava, eu os perderia), depois vieram a radioterapia (afetivamente chamada de rádio) e a quimioterapia (químio, para os íntimos). Tudo isso muito rápido, pois eu estava com um tumor no reto, maior do que uma laranja, e tinha de passar por esses procedimentos antes da cirurgia para a sua retirada. Um típico ritmo de Olimpíadas, com exames, procedimentos, dietas especiais e médicos todos os dias da semana!

O efeito câncer sobre os *boys*

Mas, como eu sou muito disciplinada e estoica – ora, se eu preciso passar por isso tudo para salvar a minha vida, vamos lá, sem reclames, sigamos! –, o período de preparo para a cirurgia foi, na medida do possível, suportado com naturalidade, e o grande dia estava logo ali, o tal momento mais importante da minha saga, que seria o longo e complexo procedimento cirúrgico de retirada do tumor. Congelados os óvulos, suportadas a rádio e a químio, realizados todos os exames pré-operatórios do mundo, eu estava, finalmente, pronta para me submeter à cirurgia de retirada do tumor! Bora tirar logo esse negócio de dentro de mim!

E foi nesse momento, a menos de 48 horas para o meu ingresso no centro cirúrgico, que aquela elegância demonstrada pelo meu namorado lá atrás, na descoberta dos pingos de sangue no vaso sanitário, foi para o espaço! Acredite, dois dias antes do meu ingresso para o centro cirúrgico ele me enviou uma mensagem de WhatsApp me dizendo, pura e simplesmente: "está muito pesado... preciso de um tempo". Dois dias depois da cirurgia, quando ele já sabia que o procedimento havia sido um sucesso, chegou outra mensagem de WhatsApp, me dando os parabéns pela cirurgia e comunicando que, naquele momento, o tempo antes solicitado estava sendo convertido em término do nosso namoro! F. D. P., mil vezes F. D. P.!

Confesso que até hoje tenho dificuldade para entender tamanha covardia. Por óbvio, a covardia não diz respeito ao término do namoro, coisa hoje tão comum quanto ir até a padaria e pedir três pães franceses! Estou me referindo ao momento: na véspera da minha entrada para o centro cirúrgico em que se decidiria, por exemplo, se eu continuaria a ter ânus, ou não (pela sensibilidade da região do tumor, no reto médio, eu poderia perder o ânus, e ter de usar a bolsinha de ileostomia pelo resto da minha vida); ou, ainda, mais diretamente: que decidiria se eu continuaria a ter vida, ou se já ficava por ali mesmo, não mais como paciente, mas como um cadáver a caminho da funerária!

Gente, por que não esperar só até a cirurgia terminar? Que ele inventasse uma contaminação por Covid, dele ou de algum familiar ou amigo do seu convívio próximo, como desculpa para não ir até o Rio (ele morava em São Paulo)! Que simulasse uma queda, uma infecção alimentar, uma diarreia, qualquer coisa que me enganasse (seria um engano do bem) por dois dias, só até eu ser sedada pela equipe médica! Mas não, a mensagem do pedido chegou ali, nos preparativos finais para eu me internar, no dia seguinte, no Copa Star, da Rede D'Or, em Copacabana, Rio de Janeiro.

Ninguém na minha família entendeu nada! Nossos amigos comuns, estupefatos! A minha mãe, coitada, sofreu tanto que queria, mesmo, era cortar o pinto do menino! O meu pai, a pessoa mais pacífica desse mundo, tinha medo de encontrá-lo por aí, não conseguir controlar as emoções e partir para as vias de fato! Mas houve também opiniões ponderadas, e delas eu destaco uma, a do Vicente Paulo, meu amigo e parceiro neste livro, que me disse o seguinte: "o foco não pode ser no *boy*, Ananda; o foco tem de ser na sua existência, no fortalecimento emocional do seu ser, no seu empoderamento, na recuperação dos danos da cirurgia ao seu corpo e da sua autoestima". Vic, você estava certo! Daquele tombo eu me saí muito mais forte, mais dona de mim, e me sentindo uma nova mulher, linda e pronta para outro relacionamento. Deixei de lado aquele covarde (ele que se cuide, a psiquiatria está aí para isso!), e logo pedi a Deus para me apresentar um homem de verdade, companheiro, empático – e bom amante, claro!

> "O foco não pode ser no *boy*, Ananda; o foco tem de ser na sua existência, no fortalecimento emocional do seu ser, no seu empoderamento, na recuperação dos danos da cirurgia ao seu corpo e da sua autoestima."

E Deus andou rápido! Muito antes do que eu esperava! Num belo dia, chegava eu a um estúdio de gravação, e lá estava um terceiro produtor, além dos dois que eu já conhecia. Senti-me desejada desde o primeiro minuto. Eu balancei, senti novamente todo o meu corpo, aquele corpo de mulher desejada! Pensei em disfarçar, mas desisti! Ele se apaixonou no mesmo primeiro olhar, me confessou mais tarde. Como na atualidade estamos em momentos de vida muito distintos, não continuamos juntos, mas no período de um ano em que estivemos ele teve uma importância ímpar na minha vida! Ele me fez sentir desejada novamente, voltar a ver a mim mesma como uma mulher linda, uma baita de gostosa (pois eu me acho, e pronto!), com a autoestima e o amor-próprio nas alturas!

Sério, esse foi um dos mais lindos presentes que Deus já me deu! Um homem inteligente, divertido, meigo, parceiro e tão paciente com as minhas sequelas que até as nossas transas eram recheadas de um refinado afeto, o que me gerava mais desejo – e o prazer quase não tinha fim! Gente, ele foi o primeiro homem a desejar, a beijar e a dizer que amava as minhas cicatrizes, pois ali estava parte da minha história, que ele admirava. Nunca o esquecerei. Nunca deixarei de agradecer a Deus por ter colocado na minha vida uma pessoa tão maravilhosa, e num momento em que eu precisava, muito, recuperar a minha autoestima e me sentir novamente mulher. Muito bom sabermos, todas nós, mulheres, que – ao contrário do que dizemos por aí, nos momentos de raiva –, nem todos os homens são uns F. D. P.! Garoto lindo, que parece ter vindo de Brasília para o Rio de Janeiro só para me amar, eu te amarei sempre! Você sabe disso.

> Ele foi o primeiro homem a desejar, a beijar e a dizer que amava as minhas cicatrizes, pois ali estava parte da minha história, que ele admirava.

Eu não escrevi este capítulo para ajustar contas com o *boy* – nesta obra chamado, gentilmente, de covarde! – que me pediu um tempo algumas horas antes de eu entrar no centro cirúrgico, para

O efeito câncer sobre os *boys*

a retirada do meu tumor. Muito menos o escrevi por mágoa, ressentimento ou qualquer outro sentimento negativo dessa natureza em relação a ele. Isso tudo já ficou no passado e, hoje, se é que alguém deve refletir sobre o ocorrido, é o *boy*, e não eu, que já estou a anos-luz de distância, em outra fase muito distinta da minha vida. Elaborei essas páginas a partir de duas motivações – uma negativa, outra positiva.

O primeiro motivo é chamar a atenção de alguma mulher que venha a ter câncer, tenha um namorado, um marido ou um companheiro e leia esta obra. Sem querer jogar areia na felicidade alheia, fica aqui o alerta: se, por acaso, na medida em que o tratamento avançar, os inevitáveis efeitos colaterais chegarem e a relação sexual minguar, não se sinta perdida no mundo se ele terminar o relacionamento. Cabe, aqui, o famoso "não se sinta só", pois as estatísticas, infelizmente, não são nada favoráveis a nós, mulheres, e trilham na direção do abandono assim que a coisa aperta! Aconteceu comigo, aconteceu com uma grande amiga, aconteceu com uma cantora famosa do Brasil e certamente está acontecendo com muitas outras mulheres anônimas pelo mundo neste exato momento, enquanto eu escrevo estas linhas! Se isso acontecer, busque a autoestima que há dentro de você, dê uma passada lá no meu perfil do Instagram, envie-me uma mensagem privada e bora tomar uma cerveja trocando figurinhas sobre homens covardes...

Você, leitora, pode estar me achando pessimista, recalcada, ressentida, mas não é nada disso! Eu não decidi escrever sobre isso em razão do meu *boy*! A minha decisão partiu das minhas leituras de relatos em blogs e perfis de Instagram de mulheres como eu, que enfrentaram um câncer e durante o tratamento foram abandonadas por aqueles homens por elas até então tidos como parceiros. Não tem jeito, na maioria dos casos graves de câncer o homem pula fora do relacionamento, sai de fininho, a maioria não espera, sequer, chegar o momento da cirurgia (o tal meu *boy* está neste grupo!). Se não há um vínculo forte, de companheirismo mesmo, a relação acaba, com a manjada alegação de sempre de que "eu não tenho forças para isso, desculpa"!

A segunda motivação – a otimista – é também chamar a atenção das mesmas mulheres para o fato de que, embora as estatísticas não nos sejam lá muito favoráveis (conforme explicitado no parágrafo antecedente), há sempre uma esperança! Num momento tão difícil, do término de um relacionamento durante o tratamento de um câncer, não podemos nos deixar levar pelos jargões do tipo "homem nenhum presta"! No meu caso, se é verdade que, num primeiro momento, eu levei um pé na bunda a caminho do centro cirúrgico, também é verdade que eu logo reencontrei a minha autoestima e, ainda, me apareceu na vida um homem de verdade, carinhoso, logo depois da cirurgia. Acredite, o difícil término foi um divisor de águas no meu processo de resgate da autoestima, de empoderamento. Eu não desejo que você passe pelo que eu vivi (há outras formas, menos dolorosas, para se recuperar a autoestima!), mas, se passar, seja positiva, prospectiva – afinal, o que é a perda de um *boy* quando se está, dia e noite, lutando pela vida?

Fecharei este capítulo com uma especial homenagem. Uma homenagem a um homem lindo! Como eu sempre fui, sou e serei fã de carteirinha da nossa musa Rita Lee, acompanhei de perto, rezei e torci muito durante o enfrentamento do câncer por ela, e um aspecto sempre me chamou muito a atenção:

a linda história de amor dela e do Roberto de Carvalho, e como ele foi parceiro e amoroso em todos os momentos difíceis pelos quais ela passou! Que coisa linda, Roberto! Que haja um "Roberto" na vida de cada mulher que, diante de momentos tão dolorosos, sonhe em ter um verdadeiro parceiro ao seu lado!

14

Alguns novos sustos

Com o término das sessões de quimioterapia na fase pós-cirúrgica eu, finalmente, ingressei num período, digamos, de bonança! Desde o diagnóstico do câncer, eu sentia, pela primeira vez, que era a hora do recomeço, de retornar às tais coisas normais da vida! Se é, não vamos perder tempo! Eu ainda estava muito fraca, magrinha que só, mas, já sem a bolsinha de ileostomia, voltei ao estúdio para gravar as minhas primeiras músicas, mergulhei de corpo e alma no carnaval/2022, beijei muito, pintou um novo namorado, recomecei devagarinho a malhar, a transar, só alegria! Completados os primeiros três meses, fiz a minha primeira bateria de exames de revisão – hemograma completo, tomografia, ressonância magnética e, a cada semestre, um *pet scan* –, e tudo certo, sem tumor algum! Entretanto, no marco dos seis meses, eu levei um novo susto! P.Q.P!

Quando eu e a minha mãe olhamos os resultados dos exames de revisão, notamos que, num deles, havia o apontamento de uma pequena mancha no meu fígado, seguida da seguinte observação: "necessário averiguar". Corremos até o consultório do Doutor Henry, e nem houve muita cerimônia dessa vez, ele foi logo dizendo: "você tem um pequeno ponto de metástase no fígado, uma pequena recidiva, coisa muito comum em pacientes que têm câncer no reto, como foi o seu"! Como no anúncio do primeiro diagnóstico, eu tive um *blackout* e fui para um universo paralelo, e comecei a rir, a rir muito, sem conseguir parar por nada desse mundo! Mas Doutor Henry, se é tão comum, por que o senhor não me alertou para isso antes? Ele fez aquela cara de perdido, que, pura e simplesmente, queria dizer: "por que nós vamos antecipar um sofrimento, se ele pode sequer vir a acontecer?".

> "Por que nós vamos antecipar um sofrimento, se ele pode sequer vir a acontecer?"

Alguns minutos depois, já passado o meu estado de riso (entenda-se, de surto!), perguntei a ele qual seria o tratamento, e ele me explicou, detalhadamente: "como o seu tumor é muito pequeno, há duas possibilidades: na primeira, faríamos uma cirurgia tradicional, para a retirada do tumor; na segunda, faríamos por uma ablação, que é um procedimento mais simples, sem intervenção cirúrgica tradicional, por meio da inserção de uma pequena agulha embaixo do seu peito, para destruir o tumor; no seu caso, porém, o seu tumor está localizado numa região muito sensível, em meio a veias hepáticas e artéria importantes, o risco de uma ablação gerar uma hemorragia é muito grande, e, por isso, é bom ouvir primeiro o cirurgião".

Quando ele pronunciou a expressão "cirurgião", eu quase caí morta! Como? Uma nova cirurgia só para retirar um tumor minúsculo, do tamanho de um grão de arroz? Fomos, então, falar com o cirurgião, e ele já foi mais incisivo: se numa ablação o procedimento atingir uma veia ou uma artéria hepática importantes, o quadro piorará bastante, e a equipe teria que correr para o centro cirúrgico, e aí não somente para a eliminação do tumor, mas também para a contenção emergencial da hemorragia! Eu me senti perdida, com aquela triste sensação de que "vai começar tudo de novo"!

Diante da postura do cirurgião, eu caí na real e exclamei: "tá, se a solução é essa, então partiu cirurgia; será um ponto de corte somente, certo?". Veio, então, a segunda paulada do dia: "não, Ananda, o corte terá início do seu externo (parte central, abaixo dos peitos) e irá margeando a sua costela, até debaixo do seu braço. / Mas Doutor, isso dará quase um palmo de cicatriz? / Verdade, o corte será grande!".

O retorno para casa foi uma depressão de doer, comigo e a minha mãe chorando, sem pronunciarmos uma só palavra, cada uma olhando para um lado do carro! Aquilo não saía da minha cabeça, doía muito eu ter de me submeter a uma nova

Alguns novos sustos

cirurgia só para retirar um tumor ínfimo, do tamanho de um grão de arroz! O sofrimento da minha mãe era tão grande, e tão grande a sensação de impotência dela diante daquela nova pancada que, no desespero, ela resolveu se movimentar! À noite, do nada, a leoa me disse, categoricamente: "Ananda, eu falei com o seu amigo médico, com o Vicente e decidimos que iremos para São Paulo, bora tentar lá um médico que lhe faça o procedimento de ablação, sem esse corte horroroso"! Dia seguinte, às 7h da manhã, já estávamos na via Dutra, rumo a São Paulo...

Quando chegamos a São Paulo, passamos por dois outros médicos de uma instituição nacionalmente renomada, e a recomendação não mudou em nada, qual seja: devido à localização sensível do meu pequeno tumor, precisaríamos realizar a cirurgia tradicional, com o tal corte de metro! Mas quando eu e a minha mãe já estávamos arrumando as mochilas para o retorno ao Rio, o meu amigo médico pediu à minha mãe: "por favor, Sônia, antes de irem para o Rio, passem no Sírio-Libanês e conversem com esse médico, o Doutor Túlio Pfiffer; eu já consegui um encaixe para o atendimento, ele está aguardando vocês". Eu não queria ir mais a médico algum, não tinha mais forças para isso, disse a minha mãe que ela poderia ir sozinha, pois eu só queria retornar ao Rio, deitar na minha cama e poder chorar em paz, na minha casa! Mas a Dona Sônia, quando quer, é durona, e nem levou a sério o meu choramingo: "bora Ananda, partiu Doutor Túlio"!

À noite, quando chegamos ao consultório do Doutor Túlio Pfiffer, um querido, desses médicos que nos passam tranquilidade num mero olhar, voltamos à mesma ladainha: eu ali, como uma estátua do silêncio, ouvindo toda aquela história novamente – uma recidiva, pequeno tumor, descoberto muito cedo, diferentes opções, cirurgia tradicional ou ablação, região muito sensível, veia porta, artéria hepática... eu já caminhando para um estátua de gelo, tamanho o cansaço e a insensibilidade para aquele longo relato técnico... "e eu, Túlio, como seu médico neste momento, recomendo... um procedimento de ablação"!

Quê? Pense numa estátua do silêncio que começa a gritar! Ou numa pedra de gelo que começa a arder, em fogo, e a falar para todo lado! Pois foi assim que eu fiquei, em questão de milésimos de segundo! Mas eu não acreditei! Fui logo contestando, na lata: "desculpa, Doutor, mas eu passei por um cirurgião no Rio, mais dois oncologistas daqui de São Paulo, e os três, em uníssono, foram categóricos em afirmar que eu teria de fazer uma cirurgia tradicional, com o tal corte de metro, e agora o senhor vem me dizendo que uma ablação resolve; por quê? Calmamente e com aquela credibilidade que possuía o Oráculo de Delfos, ele me disse: "porque, agora, você está no Sírio--Libanês; e aqui, com a minha equipe e com os equipamentos de que dispomos, nós conseguiremos nos afastar dos riscos de hemorragia e queimar o seu tumor com uma ablação"! No mesmo instante, já conversamos com o médico que faria a ablação, Doutor Publio Viana, que confirmou a indicação do Doutor Túlio, e ainda me trouxe mais tranquilidade: "hum, tá bem tranquilo, eu faço umas duas ablações dessa por semana, Ananda, em tumores bem piores do que esse seu"!

Como a vida é surpreendente, né? De uma hora para outra, ela lhe tira do fundo do poço e leva aos céus! Tudo bem, eu continuava com um tumor em metástase no fígado, teria de me submeter a um novo procedimento – e a realidade da doença não mudava! Mas, sério, se hoje eu encaro as minhas sete cicatrizes com tranquilidade, naquele momento, de início da retomada da minha vida, eu ganhar uma nova cicatriz, gigante, margeando as minhas costelas, seria muito ruim para a minha autoestima! Tanto isso é verdade que, diante das palavras do Doutor Túlio, eu e a minha mãe não conseguíamos mais dizer uma palavra, apenas nos abraçamos e choramos, e choramos – da mais pura alegria! Sabíamos que o novo tumor não havia sido extirpado com aquelas palavras, mas a mera mudança de procedimento já trouxe um inestimável sabor de vitória!

> Hoje eu encaro as minhas sete cicatrizes com tranquilidade, mas naquele momento, de início da retomada da minha vida, eu ganhar uma nova cicatriz, gigante, margeando as minhas costelas, seria muito ruim para a minha autoestima.

A volta de São Paulo para o Rio foi uma festa! Eu e a minha mãe, felizes que só, o Doutor Henry, o Doutor Túlio e o Doutor Publio orgulhosos e realizados pelo êxito do procedimento.

Hoje, eu me arrependo de não termos filmado aquela viagem, em que transformamos a via Dutra num carrossel de gritos e risos – uma espécie de Thelma & Louise com final feliz, só faltou o Brad Pitt!

Uma semana depois, retornamos a São Paulo, eu me internei no Sírio-Libanês num dia, e já fizemos a ablação no dia seguinte. O procedimento de ablação hepática é uma alternativa à cirurgia, em casos determinados, diante de tumores pequenos. Consiste, basicamente, na introdução de uma agulha, guiada por imagem, no interior do tumor para destruí-lo (sem a necessidade de uma intervenção cirúrgica tradicional, para retirá-lo). No dia seguinte à ablação eu já estava de volta ao Rio, numa sexta-feira em que, aliviada devido ao sucesso do procedimento, passei a tarde toda conversando com os meus familiares queridos e fui dormir cedo, feliz da vida, como há muito não dormia!

No outro dia cedo, porém, outra bomba! Bum! Eu e a minha mãe no carro, nos aprontando para sair, o telefone toca, ela atende, faz uma cara de "Botox", e só volta ao mundo com o meu grito: "mãe, o meu pai morreu? / Não, imagina, não; morreu o seu irmão, de infarto fulminante! / Qual deles, mãe? / O Thales!". Meu Deus! O Thales era um irmão querido, unilateral paterno, de apenas 45 anos. Eu havia conversado longamente com ele no dia anterior, na chegada de São Paulo, tipo até 21h, ele havia me abençoado pelo sucesso da ablação – e agora, do nada, foi-se embora! Bem, mudança de *script*, passamos no hospital para pegar o meu pai – que também estava hospitalizado – para ele ir se despedir do meu irmão, em Brasília, cidade em que ele morava com a família. Como eu havia feito o meu procedimento de ablação no dia anterior, eu não fui com eles até Brasília, para a despedida do meu irmão querido. Novamente, eu pensei na minha filosofia de hospital, agora no sentido contrário! Como a vida é surpreendente, né? De uma hora para outra, ela lhe tira dos céus e leva ao fundo do poço!

Para concluir esse drama – com um pouco de ironia –, vou mencionar uma fala do Vicente comigo que muito bem resumiu o carrossel em que eu estava vivendo naquele momento. Na terça-feira seguinte – quatro dias depois da ablação no Sírio-Libanês, três dias depois da morte do meu irmão –, haveria uma festa da Warner Chappell no Rio, em comemoração aos 55 anos da editora no Brasil, e eu considerava o evento muito importante para mim, pelo simbolismo da retomada da minha carreira musical, depois da Covid e da superação do câncer. Contrariando a minha mãe e o Vicente, eu bati o pé que era importante eu ir, e nada me fazia desistir da ideia. Como eu mesma falei com o médico e ele me liberou para ir – desde que eu não ingerisse bebida alcoólica alguma –, o Vicente Paulo e a Dona Sônia não possuíam mais argumentos, e foram votos vencidos! Quando eu estava indo para o aeroporto, me encontrar com o Vicente, que acabara de chegar de Brasília para ir ao evento comigo, ele soltou a pérola: "Ananda, por favor, só me ajude numa coisa, para eu me preparar: quando eu me encontrar com você, dentro de minutos, é para eu estar com cara de alegria (pelo sucesso da ablação), ou com cara de tristeza (pela morte do seu irmão)?". Tudo bem, meio humor fúnebre, mas que muito bem resumiu aquela minha semana...

Com a eliminação do segundo tumor pela ablação, finalmente eu concluí o meu enfrentamento ao câncer! Viva! De lá para cá, eu faço apenas as minhas revisões trimestrais – que me acompanharão por cinco anos –, e, até agora, quase um ano depois, graças a Deus não houve recidiva alguma! Mas a minha família querida, claro, continua a orar por mim, semanalmente! #Cancerfree!

15

Pequenos pecados

De tanto ficar internada, eu e a minha mãe chegamos a um ponto em que, acredite, quase conseguíamos nos divertir com a nossa história de hospital! Pense em duas gatas que bateram ponto com jaleco branco!

De outro lado, as restrições – alimentares, físicas etc. – eram tantas, que, com o tempo, nós duas começamos a praticar pequenos crimes, aqui chamados de pequenos pecados, para não corrermos o risco de sermos entregues à polícia pelo Doutor Henry!

> Doente sim, mas bonita!

Pecado 1 (vaidade)
Doente sim, mas bonita! Que ninguém me pergunte como, mas numa linda tarde sol, quando a minha mãe retornou do almoço, ela conseguiu passar por todas as camadas de segurança e vigilância, ingressou no hospital e chegou ao meu quarto com um verdadeiro salão de beleza! Um kit de beleza do tamanho do mundo, com mais produtos do que um *free shop* de aeroporto internacional! Maquiagem, esmalte verde (cor da esperança, segundo ela!), batom, acetona, algodão etc. Que ideia maravilhosa, mãe! Foi logo depois da cirurgia de retirada do tumor, eu na primeira semana de convívio com a bolsinha de ileostomia, vendo o meu cocô ali colado ao meu corpo, limpando a bolsinha de ileostomia – mas, pelo menos, com as unhas pintadas!

Pecado 2 (inveja)
Vai uma cervejinha aí? Numa tarde ensolarada de Copacabana, a minha mãe desceu para dar uma caminhada, e no retorno ela parou num bar praticamente em frente ao hospital, para um lanche sujinho (os do hospital, claro, são limpos, saudáveis!). Enquanto ela se deliciava com a coxinha frita em óleo duvidoso, uma mulher ao lado puxou papo e perguntou a ela: "eu estou com a minha mãe aí no hospital há mais de uma semana, será que eu posso subir com uma cervejinha?". A minha mãe, sacana que só, soltou esta: "eu faço isso todos os dias, para tomar com a minha filha!". Era uma baita de uma mentira, claro, ela nunca havia feito isso! Mas a dita mulher – interessada em qualquer apoio para o seu delito, nem procurou confirmar a veracidade da história! – engoliu a mentira, pediu uma Heineken, colocou na bolsa e lá se foi para o hospital! Terminada a coxinha, a minha mãe olhou para um lado,

para o outro, como boa policial deu uma sondada no vigilante na porta do hospital, e pensou: "sabe que não é má ideia?". Corta a cena! Minutos depois eu a vejo no meu quarto, com uma cara de traquina danada, trocando a incolor e inodora água de um dos copos por uma Heineken, um véu de noiva, de tão gelada! Diante da minha insistência, ela vendo a água nos meus beiços de tanta inveja dos goles dela naquela rara iguaria, ela acabou sendo solidária: "tá bom, filha, mas só uma bicadinha!".

> "Tá bom, filha, mas só uma bicadinha!"

Pecado 3 (gula)

Uma contrabandista responsável! Nas primeiras semanas depois da cirurgia de retirada do tumor, a minha alimentação foi muito, muito restrita. Com todo o respeito, chamar aquilo de alimentação era uma ofensa à minha pessoa! Mas não havia como ser diferente, pois eu havia praticamente retirado todo o meu reto, estava toda costurada por dentro e, ainda, com uma novata bolsinha de ileostomia colada ao meu corpo! Quando a enfermeira enunciava "hoje tem canja", chegava uma água de canja! Quando a oferta era sopa de cenoura, eu tomava uma água alaranjada! Com o tempo, é evidente, a minha fome, todo o meu ser pedia alguma coisa sólida, pelo amor de Deus! Mas não havia, ainda, chegado a hora, devido ao processo de cicatrização e ao aprendizado da bolsinha! Lá pelas tantas, alguns dias depois – que, para mim, já pareciam uma eternidade! –, o Doutor Henry me liberou meia bolacha *cream cracker*! Meia, metade! Meu Deus, que prazer! Parecia que eu estava num restaurante italiano, comendo a melhor massa do mundo! Ou melhor, comendo a metade de uma unidade do melhor ravioli do mundo! Mas no capitalismo selvagem em que vivemos, onde há demanda, logo a oferta chega! Numa noite de abstinência total, de sonho meu com outra metade de *cream cracker*, eu conheci uma simpática senhora que, supostamente, revendia bolachas – uma contrabandista de *cream cracker*, na verdade! Mas ela só vendia em doses homeopáticas, de metade em metade, a cada meia hora, "por segurança, para não fazer mal à bolsinha", justificou-se! Eu ainda tentei convencê-la a confiar em mim, alegando que eu cumpriria a recomendação de só comer uma metade de *cream cracker* a cada meia hora, mas ela foi irredutível! "Não, de jeito nenhum, já pensou se você tem uma overdose de *cream cracker*, você acaba com o meu negócio", me cochichou rispidamente! Tudo bem, então a senhora passa, pelo menos, umas duas horas aqui comigo, para eu ter direito a comer quatro metades, pode ser? Com aquele sorriso cheio de amor e de cuidado, ela me respondeu: "claro, filha, eu já ia dormir aqui mesmo com você"! Oh, Dona Sônia, Minha Mamãe e "contrabandista" preferida, obrigado pelas saborosas *cream crackers*!

> **"Já pensou se você tem uma overdose de *cream cracker*, você acaba com o meu negócio!"**

16

Os meus quatro picos de estresse

Em diversos pontos desta obra eu destaco a minha disciplina, a minha resiliência e o meu estoicismo diante do enfrentamento ao câncer. Todos aqueles que acompanharam de perto o meu tratamento dizem que, de fato, essa foi a minha marca.

Mas somos humanos! Então, para não ficar registrada neste livro uma ideia equivocada de que durante todo o tratamento do câncer eu fui uma *lady*, uma fortaleza, um poço de equilíbrio e de bom comportamento, relatarei nos parágrafos seguintes os meus quatro picos de estresse, de desequilíbrio bruto mesmo. Que eles sirvam, quem sabe, de alento a outras pessoas que enfrentem um câncer e que, em certos momentos do tratamento, também se sintam perdidas, surtadas! Que essas pessoas não se sintam culpadas, nem pensem que ela sãos as únicas a passarem por isso! "Tamo junto"!

Acredito que as minhas crises foram, em verdade, momentos de picos de estresse, em razão do esgotamento – físico e mental – decorrente do câncer. Nesses momentos, era como se houvesse disparado um gatilho, um dispositivo que eliminava todo e qualquer controle da minha parte, e eu sentia uma necessidade gigante de extravasar, de colocar para fora toda aquela dor, profunda, que, momentaneamente, corroía todo o meu ser.

O primeiro episódio

Quando eu descrevi o procedimento de coleta dos meus óvulos, anteriormente, mencionei sobre o meu estresse diante da realidade de não poder mais engravidar pelo método tradicional, e do quanto isso significou para mim. No momento da retirada desses óvulos, para serem levados para o congelador, eu pirei! Eu me batia, gritava, reclamava de Deus, urrava, tinha vontade de quebrar tudo, de bater a cabeça no vidro da janela – e, cá entre nós, eu acabei mesmo quebrando algumas coisas do hospital! Foi um escândalo, com muita gente assustada, correndo para todo lado!

O segundo episódio

Logo depois da cirurgia de retirada do tumor do reto, voltamos para casa eu, a minha mãe e o meu pai, depois de um desses exames de rotina. Eu e a minha mãe iniciamos uma discussão bobinha, e, no âmbito dela, a minha mãe disse algo do tipo "não precisa alterar a voz comigo, eu sei que você está doente, mas precisa organizar melhor os seus documentos, você está bem para isso". Gatilho disparado! Bum! Quando ela pronunciou esse "você está bem para isso", eu perdi o controle e comecei a gritar: "por que eu não posso alterar a minha voz? Por que eu estou bem? Por que todas as pessoas querem me ver bem? Você acha que eu estou bem? Você também só quer me ver bem? Eu vou enlouquecer, foda-se tudo, eu não estou bem, me deixa gritar!".

Sem dúvida, se o critério adotado for a escalada de violência, esse foi o pior pico de estresse de todos! Eu comecei a bater nos vidros, a me arranhar até rasgar a pele! O meu pai precisou pular para o banco de trás do carro para me conter. Quando a minha mãe conseguiu um lugar para estacionar o carro, os dois me abraçaram e ficamos ali, por uns dez minutos, até o choro e os soluços cessarem. Depois, já em casa, refleti sobre o ocorrido, e pensei: "gente, de onde eu tirei tanta revolta acumulada? De onde saiu essa minha vontade de gritar para o mundo que 'eu não estou bem?'" Hoje, talvez eu tenha a resposta: da minha mania de fortaleza, 24h por dia, claro!

O terceiro episódio

Esse ataque ocorreu em Joinville, durante a festa de formatura em medicina do meu melhor amigo, desde a época do Bolshoi. Eu estava com o meu pai no carro, indo para aquela que seria uma noite inesquecível de nossas vidas, eu com um maravilhoso vestido longo. De repente, eu cismei que a minha bolsinha de ileostomia estava marcando o meu vestido, e, na minha cabeça, estava uma coisa horrorosa, visível para todo mundo! O meu pai levou um susto, e tentou me acalmar com um "minha filha, você é linda, será a mais linda da festa, está tudo bem"! Mas nada me convencia, e soltei os gritos e pancadas nos vidros do carro: "eu sei que sou bonita, mas eu estou muito magra, e a zorra dessa bolsinha está aparecendo mais do que eu"! Então, ele, calmamente, com todo o carinho do mundo, estacionou o carro, me abraçou e ficou ali, por minutos e minutos, esperando o meu choro passar. Meu pai querido!

O quarto episódio

O meu quarto pico de estresse ocorreu naquela que seria a minha penúltima sessão de quimioterapia. Eu tive quatro sessões de quimioterapia antes da cirurgia de retirada do tumor, e estavam programadas mais seis sessões para depois dessa cirurgia. Se antes da cirurgia a químio já não era uma beleza, imagine no pós-cirurgia, usando bolsinha de ileostomia e fraca que só, mal conseguindo andar, devido as agressões típicas de uma cirurgia em que lhe retiram o reto!

Da primeira até a quarta aplicação foi tudo muito no automático, já que eu estava totalmente focada nos cuidados pós-operatórios e no aprendizado das higienizações e trocas da bolsinha de ileostomia. Mas depois da 5ª sessão eu fui atropelada pelo cansaço, pelo desânimo, e percebi que eu não teria mais força para quimioterapia alguma! Desta vez não teve murro em vidro, nem corte no braço! Eu falei seriamente para a minha mãe que eu não tinha mais condições – físicas e emocionais – para fazer a última sessão de químio. Hoje eu imagino que, para ela, talvez essa minha nova forma de desespero, sem ataques, sem gritos, tenha sido até mais convincente e dolorosa! Sim, porque naquele momento, com aquela serenidade da filha-fortaleza dela, ela teve a certeza de que a coisa era séria! Ela pegou o celular, ligou para o Doutor Henry e, com a mesma firmeza, disse a ele que eu não faria mais químio alguma. E não mais houve.

> "Chute, filha, chore, quebre, você tem todo o direito; conte conosco, estaremos aqui aguardando você retornar ao equilíbrio para retomarmos a nossa árdua caminhada!"

Na real, seria uma grande injustiça se eu concluísse esse relato sem expressar a minha admiração e gratidão aos meus pais, pelo comportamento equilibrado deles diante dos quatro episódios por mim mencionados. Como eles foram sábios, pacientes e compreensivos comigo nesses difíceis momentos! Como esse apoio foi importante para mim! Sério mesmo, foi quase inacreditável o comportamento deles: eu gritando, me batendo, tentando quebrar o que via pela frente, e eles ali, calmos, silenciosos, me ouvindo, e com esse silêncio estavam, na verdade, me dizendo muito claramente: chute, filha, chore, quebre, você tem todo o direito; conte conosco, estaremos aqui aguardando você retornar ao equilíbrio para retomarmos a nossa árdua caminhada! Dona Sônia Regina e Seu Talis Paixão, sem palavras para demonstrar a minha gratidão!

17

As sequelas que me acompanham

Na real, hoje eu tenho a percepção de que pessoa alguma passa por um câncer e não leva consigo alguma sequela. Claro, eu não estou falando, necessariamente, só de sequelas físicas, como uma cicatriz, ou a perda ou o prejuízo ao regular o funcionamento de um órgão. Arrisco a dizer até que as sequelas emocionais que bagunçam o nosso estado psicológico sejam as mais comuns, e não menos dolorosas. São muitos baques, muito sofrimento físico, muitos tabus, muito medo da morte. O próprio diagnóstico já é uma pancada!

O simples ouvir de um médico "você está com câncer" já faz o mundo girar – e provavelmente esse giro, essa reflexão inicial, já vai lhe gerar lembranças e emoções pelo resto da sua vida! No meu caso, o diagnóstico foi assim enunciado pelo Doutor Henry:

"sim, Ananda, você tem um câncer retal num nível muito adiantado, que precisa urgentemente ser tratado". Bum! Bem, concluída essa introdução fúnebre, passemos às minhas particulares sequelas (particulares porque, é importante que se diga, cada pessoa desenvolve e carrega as suas próprias sequelas, não há receita de bolo aqui!).

> O simples ouvir de um médico "você está com câncer" já faz o mundo girar e provavelmente esse giro, essa reflexão inicial, já vai lhe gerar lembranças e emoções pelo resto da sua vida!

Muitas idas ao banheiro

Como o meu câncer foi no reto, e esse órgão foi praticamente extirpado na cirurgia de retirada do tumor, eu perdi o meu recipiente de armazenamento das fezes. Com isso, eu perdi parte significativa daquele tempo de espera, para retardar a ida ao banheiro. O funcionamento normal do organismo é este: a pessoa come, a comida vai para o estômago; em seguida, entra em ação a função intestinal, que, depois de fazer o seu trabalho, libera as fezes para o reto, que as armazena; a pessoa, então, aguarda até o momento oportuno, e vai ao banheiro fazer o número 2. No meu caso, como eu praticamente fiquei sem o meu recipiente de armazenagem (reto), o meu tempo de espera até a ida ao banheiro é muito pequeno. Essa ausência de tempo para segurar a vontade de ir ao banheiro, claro, me gerou perrengues muito inconvenientes, como, por exemplo, eu ter de interromper uma transa uma ou duas vezes para ir fazer o número 2. Isso se o cara for bom de cama!

Segundo palavras do Doutor Reinan, meu cirurgião, esse meu quadro pode ter alguma melhora com o tempo – isto é, o número de idas ao banheiro poderá diminuir –, depois de uns dois, três anos. Como o tecido da parte final do intestino é muito fino, com o tempo – e com a passagem contínua das fezes – a tendência é dar uma alargada, e com isso eu ganharei mais tempo para ir ao banheiro. Nunca voltará ao que era antes, mas deverá melhorar.

Como eu lido com isso? Bem, falando abertamente com as pessoas envolvidas – namorado, amigos numa reunião de trabalho etc. – e, também, lembrando que poderia ter sido bem pior! Quando eu fui para o centro cirúrgico para a retirada do tumor do reto, eu não sabia se os médicos conseguiriam salvar o meu ânus, ou se eu teria de usar a bolsinha de ileostomia pelo resto da mi-

> **Falar abertamente com as pessoas envolvidas e lembrar que poderia ter sido bem pior!**

nha vida. Para a minha sorte, como o meu tumor se formou a 2 cm do externo, o ânus foi salvo, e eu só tive de usar a tal bolsinha por seis meses. Cara, pense na minha angústia ao ingressar no centro cirúrgico com ânus, mas sabendo que eu poderia sair de lá sem ele!

Aliás, esse risco – de não conseguirem preservar o meu ânus durante a cirurgia de retirada do tumor – foi a principal motivação para a correria toda que se instalou assim que o meu câncer foi diagnosticado. Tínhamos que correr muito com a execução dos procedimentos prévios à cirurgia – aplicação de hormônios, coleta de óvulos, radioterapia, quimioterapia, realização de uma bateria interminável de exames etc. –, pois havia o risco de o tumor crescer (alargar). Melhor explicando: por sorte, o meu tumor veio no reto, 2 cm acima do ânus; com esses 2 cm ainda seria possível à equipe médica extrair o reto (parte do meio) e fazer o religamento do ânus (exterior) ao intestino (interior); mas se o tumor aumentasse e reduzisse esses 2 cm, com a retirada do reto os médicos não teriam mais como religar o intestino com a parte exterior do ânus, e eu seria obrigada a usar a bolsinha pelo resto da minha vida! Daí toda a correria, para não perdermos os salvadores, os milagrosos 2 cm! Benditos 2 cm, sem querer entrar na discussão, aqui tamanho foi documento!!

> **Benditos 2 cm, sem querer entrar na discussão, aqui tamanho foi documento!!**

Ingresso na menopausa

Quando eu iniciei o meu enfrentamento ao câncer, eu já sabia que os meus ovários provavelmente iriam para o espaço! Exatamente por isso, antes do início das sessões de radioterapia eu realizei a coleta de óvulos, para congelamento. Mas ninguém me havia dito ainda que, em decorrência desse atingimento dos ovários, eu ingressaria na menopausa na flor da idade! Só me falaram da provável perda dos ovários; o resto, a menopausa, fala-se depois! Aliás, tenho hoje a impressão de que médico algum vai nos dizer, de uma só vez, tudo de ruim que pode acontecer. E eles estão certíssimos, afinal, isso não adiantaria nada e só anteciparia o nosso sofrimento! Na real, as maiores tristezas me foram ministradas em conta-gotas, e, como não havia tempo algum para pensar no que estava acontecendo – tamanhos os leões a serem enfrentados por dia! –, eu acabava ficando muito tempo naquele estado de ignorância pura, até o próximo choque de realidade!

Conforme previsto, aconteceu! Com as 28 sessões de radioterapia a que eu me submeti, os meus ovários foram atingidos e, sabemos, quando terminam os óvulos da mulher, os ovários entram em falência, diminuem os hormônios femininos e ela ingressa na menopausa. No ciclo natural, o ingresso na menopausa se dá entre os

> Uhu, que calor, ligue esse ar--condicionado nos 15 graus aí, rolou um fogacho aqui!

45 e 55 anos de idade. A minha foi antecipada para os 23 anos! Com ela, os sintomas de sempre – diminuição da libido, fogachos (ondas de calor pelo corpo), suores noturnos, distúrbios do sono, variações de humor, secura vaginal, calafrios etc. Fazer o quê? Como a radioterapia e a quimioterapia eram fundamentais no meu enfrentamento ao câncer, nem tive tempo para reclamar disso, vamos de menopausa! Uhu, que calor, ligue esse ar-condicionado nos 15 graus aí, rolou um fogacho aqui! Já comprou uma dúzia de lubrificador vaginal aí, *boy*, bora molhar esse negócio? Vamos de menopausa!

Dificuldade para gerar filhos

Como os meus ovários foram para o espaço, eu não poderei mais gerar filhos pelo método tradicional. Mas os meus óvulos estão garantidos, já que, lá no início do meu tratamento, eu realizei a coleta e os congelei, para eventual inseminação artificial futura. Quanto ao meu útero, estamos numa zona cinzenta, inconclusiva. Eles foram seriamente afetados pela radioterapia, mas ainda há uma chance de sobreviverem. Se eles não remanescerem, e eu resolver ter filhos um dia, precisarei me valer de uma barriga de aluguel. Assunto difícil, prefiro não me alongar...

Restrições no sexo

Engraçado, né? Eu cresci ouvindo falar na necessidade das tais preliminares numa boa transa! Os carinhos, os dengos, os fetiches, o palavreado mais quente (papo de cama!), os beijos pelo corpo – tudo como um importante "esquenta" para a consumação do ato (eita expressão horrorosa essa)! Nas minhas transas atuais, além das tradicionais e obrigatórias preliminares (exceto nas rapidinhas, claro!), há também a necessidade de uma espécie de "conversa introdutória ao sexo" sobre algumas restrições minhas, decorrentes do enfrentamento ao câncer!

Calma, *boy*! Não se sinta inseguro se você não me perceber molhadinha, lubrificada, pois eu já ingressei na menopausa! Sexo anal, nem pensar, pois eu sequer tive coragem de perguntar ao meu médico se eu posso! Se, no meio do caminho, rolar um pum aqui, outro acolá, sigamos em frente, os meus gases são inofensivos! Bem, uma vez aceitas essas pequenas condições, passemos às preliminares! Muito doido eu conseguir rir disso, né?! Mas eu consigo!

> Calma, boy! Não se sinta inseguro se você não me perceber molhadinha, lubrificada, pois eu já ingressei na menopausa!

Trauma de exame intravaginal

Como no procedimento de coleta de óvulos eu precisei realizar exame intravaginal em seguidos dias, e naquele momento eu estava num turbilhão de emoções – físicas, pela dose cavalar de hormônios em mim injetada; e emocionais, por saber que eu não mais engravidaria pelo método tradicional –, eu fiquei com um trauma horroroso de qualquer exame em que algo tenha de ser enfiado na minha vagina! Mesmo nos exames ginecológicos comuns, de rotina, quando eu marco a consulta, já começam o sofrimento, a angústia e a ansiedade só de pensar que, na hora, isso me trará a lembrança da coleta de óvulos. No momento do exame, não tem jeito: a médica precisa ter paciência comigo, pois as crises de choro são inevitáveis! Para mitigar esse sofrimento, eu já nem marco mais ginecologista com antecedência; em cima da hora, eu ligo para a secretária da minha médica e peço, imploro para que ela consiga um encaixe de atendimento para mim no mesmo dia.

Sete cicatrizes no meu corpo

São elas decorrentes das cirurgias de retirada dos dois tumores (um no reto, outro no fígado), da fixação e retirada da bolsinha de ileostomia e do cateter. Elas contam a minha história de luta, e de superação de um câncer nível 4! Se no início elas me incomodavam muito esteticamente – eu sou cantora pop, dançarina, estou quase sempre com parte do meu corpo à mostra –, hoje eu tenho um amor e um orgulho incomensuráveis por elas.

Na real, se alguém hoje quiser me ofender e ser imediatamente excluído do meu círculo de convívio, é só desrespeitar essas minhas marcas de guerreira! Eu levei seis meses para falar sobre o câncer no meu Instagram, mas quando o fiz elas já estavam lá, orgulhosamente expostas! E de lá para cá elas me acompanham sempre, qualquer que seja o evento de que eu participe! Se eu fosse convidada para a cerimônia do Oscar e me impusessem como condição esconder as minhas marcas de guerreira, sem dúvida eu declinaria, orgulhosamente.

Dois agradecimentos, para lá de especiais! O primeiro, ao meu pai, que teve uma importância ímpar nesse processo de aceitação, a partir deste diálogo: "pai, você, como homem, acha que alguém ainda vai me desejar, com tantas cicatrizes pelo corpo? / minha filha, você sabe o que significam essas cicatrizes? São o registro de que você lutou uma guerra, e que venceu; e agora, como uma guerreira, você tem as suas marcas de guerra! Orgulhe-se delas, elas serão amadas por muitos homens!". O segundo, para a minha bolsinha de ileostomia, que numa madrugada me deu a seguinte bronca: "Ananda, você não vai se desejar por minha causa? Que bobeira, deixa disso! Se você não se desejar, como você vai se mostrar desejável para outras pessoas? Se você não se achar bonita, quem vai desejar você? Como se mostrar gostosa para os outros, se você mesma não se acha? Você é linda, sexy, atraente, eu sou apenas um detalhe, não mudo nada nessa sua realidade de gostosa!".

> "Essas cicatrizes são o registro de que você lutou uma guerra, e que venceu! Orgulhe-se delas, elas serão amadas por muitos homens!"

Depois dessas duas conversas, eu virei radicalmente a chave sobre como enxergar as minhas marcas de guerra: se até aquele momento eu as escondia, desde então elas passaram a ser por mim expostas, orgulhosamente! Tanto que a coisa mais comum do mundo, que deve acontecer comigo tipo uma vez por semana, é a seguinte: alguém me vê na rua, num shopping, numa balada, na praia e solta a pergunta: que marcas são essas na sua barriga? Ora, depois da conversa com o meu pai e com a minha amiga bolsinha, a minha resposta já sai no automático, com a maior naturalidade: "são marcas de um câncer de reto que eu superei, são as minhas marcas de guerra"! Respeite as marcas dessa guerreira, rapaz!

De todas essas sequelas, aquela que até hoje ainda mexe com as minhas emoções é a tal primeira conversa sobre sexo com um novo *boy*. Ora, nós sabemos que a sexualidade constitui assunto espinhoso para a maioria das pessoas, por ser tão carregada de tabus e inseguranças. No meu caso, há uma insegurança a mais: eu tenho de falar sobre as minhas sequelas do câncer, não há como ultrapassar essa fase em silêncio! Eu ainda não me sinto pronta para sequer pensar em fazer sexo anal (não sei nem se posso!); eu não tenho lubrificação vaginal naturalmente; eu tenho cicatrizes próximas à vagina, ali na marca do biquíni etc. – como não falar sobre isso numa primeira ida para a cama?

No início, não rolava transa alguma, eu me recolhia! Quando eu me interessava por um menino, beijava na boca e tal – mas, na hora de dar um passo à frente, eu amarelava e ia para minha casa brincar com os meus vibradores! Mas numa noite quente carioca, o desejo falou mais alto, empoderei-me, falei sobre tudo com um novo boy brasiliense e terminamos a noite nus, com ele surfando nas minhas cicatrizes! Como eu tenho tomado muito cuidado na minha restrita seleção de *boys*, pelo menos até hoje eu não tive rejeição alguma, nem desrespeito diante desses meus perrengues – e, com isso, a cada nova paquera, eu já me sinto mais tranquila para iniciar a conversa. Mas esse protocolo é muito chato, uma espécie de "conversa introdutória ao sexo"! Estou avaliando a possibilidade de mandar fazer uma espécie de cartinha virtual, com o nome de "conversa preliminar para sonhar em transar com a Ananda – restrições e paciência", para eu passar previamente para o *boy* por WhatsApp, para ele avaliar, se encara ou não! Uma forma de evitar, ou pelo menos mitigar a desagradável conversa introdutória!

Estresse pós-traumático

O nome técnico daquilo que ao longo do livro – por uma questão de simplificação linguística – eu chamei de crises de estresse são "sequelas de estresse pós-traumático". A denominação é autoexplicativa, já diz tudo, né? Um exemplo além do câncer, para facilitar a compreensão: uma pessoa é vítima de um assalto a mão armada, com violência extrema, por um motociclista; muito comum, mesmo depois de superado o sofrimento momentâneo, essa pessoa apresentar sequelas desse estresse por ela vivenciado (adquirindo medo doentio de motociclistas, por exemplo), e, como elas lhe são posteriores, surge a extensa denominação – sequelas de estresse pós-traumático. Depois daqueles episódios que contei em capítulo antecedente, eu não tive nenhum outro, graças a Deus. Mas desde aquela época a minha terapeuta me orienta muito, me ensina a controlar as emoções quando eu me vejo perto de um grande descontrole. Enfim, eu nunca tive crise de estresse depois daquela da minha última sessão de quimioterapia, mas sinto que a coisa está ali, subliminar, latente, pronta para, diante de um gatilho qualquer, soltar o urro – e, consciente disso, minha terapeuta e eu, não vamos baixar a guarda!

Breves estados de depressão

Hoje eu me considero emocionalmente estável, com uma disposição danada para tocar os meus projetos no mundo da música, e também em outras frentes, como na elaboração deste livro. De vez em quando, porém, eu tenho um estado temporário de tristeza profunda, doída mesmo, que me aparece "do nada". Coisas do tipo: eu tive um dia ótimo, movimentado e produtivo, em que tudo deu certo – e, portanto, só haveria motivos para celebrar! –, chego à minha casa, pego um suco ou uma taça de vinho para ler alguma coisa do meu interesse na internet – e, de repente, do nada mesmo, baixa uma tristeza danada, profunda, e quando eu percebo estou em lágrimas. A sensação é sempre a mesma, de uma hora para outra, nada de horário marcado, do nada, eu mergulho numa melancolia!

Conversei com a minha terapeuta, e ela me disse que é muita cara de pau minha afirmar que isso está vindo "do nada"! Como do nada, Ananda? Olha para trás, Ananda, reflita sobre tudo o que você viveu no seu enfrentamento ao câncer, as inseguranças, o medo da morte, os perrengues físicos da rádio e da químio, o choque diante da realidade de não poder mais ser mãe pelo método tradicional, a chegada da menopausa, a morte do seu irmão e todas as outras dores emocionais – como assim, do nada?! Mudei, então, a forma de encarar essa realidade, com mais serenidade e vendo tudo isso como um processo necessário, para eu superar agora aquilo que eu não enfrentei lá atrás, durante o meu tratamento – ou por falta de tempo, ou por bloqueio para falar sobre o assunto mesmo.

Enfim, ela considera natural que eu tenha esses temporários estados de tristeza por alguns anos, pelo menos, já que, no período do tratamento, não me sobrou tempo para ruminar e absorver tanta coisa. Durante uma época em que esses meus episódios de melancolia se repetiam muito, eu cheguei a tomar alguns medicamentos antidepressivos, em apoio às minhas emoções. Mas de uns meses para cá, quando eu adquiri consciência da origem desses episódios e assumi que terei de aprender a conviver com eles, para o meu próprio bem, consegui parar de usar os medicamentos e tenho conseguido me virar só com as sessões de terapia mesmo. Xô, depressão, deixa essa menina! Tá bom, né?! A coitada já passou por muitos perrengues nesses últimos três anos! Deu!

18

Frases que eu preferiria não ter ouvido

Existem atos falhos. Existem frases politicamente incorretas. Existem piadas de mau gosto. Existem, também, comentários que você não deveria fazer para uma pessoa acometida de câncer! Nos parágrafos abaixo, eu enumerarei aquelas frases que me foram ditas – e que, na real, eu preferiria ter passado sem elas!

"Vai ficar curada não, já tá curada!"

Cara, houve momentos em que eu estava acabada – física e emocionalmente –, um trapo de gente, um lixo abandonado na rua, e alguém me soltava essa! Na real, eu tinha vontade de gritar, tipo: eu não estou curada, criatura, eu estou um lixo, cansada, com dores e desconfortos em todo o corpo, com cortes por todo o corpo! Quando essa frase era dita num hospital, a minha vontade era sair gritando: "claro, eu estou curada; o que será que estou fazendo num hospital oncológico? Será que vim tomar um sorvete? Uma cervejinha? Paquerar um oncologista? Essa foi a famigerada frase que eu mais ouvi durante o meu tratamento. Não por mal, claro! Quem a pronuncia pode querer dizer que "você está aparentando muito bem de saúde, vai se curar rapidamente", ou "não diga algo negativo, que você não está curada, seja positiva, assuma a postura de quem já está curada" – mas há momentos em que a última coisa que queremos ouvir é que estamos bem. Especificamente no meu caso, eu sofria muito quando alguém me dizia isso porque, naquele momento, eu estava nas profundezas, muito mal, doente, com um câncer nível 4, morrendo de dores pelo corpo, macérrima, fraca e sem conseguir comer! Mas tudo bem, com o tempo eu aprendi a levar o comentário na ironia, e ficar rindo por dentro de tanto que aquilo era patético!

"E tenho uma amiga que teve câncer, fez químio e foi tudo bem!"

Gente, não é por que outra pessoa teve câncer, fez quimioterapia e passou pelo processo bem, que eu, Ananda, ou qualquer outra pessoa do mundo, também vá seguir um roteiro igual! O mesmo tipo de câncer pode se desenvolver de maneira muito particular em cada pessoa, em níveis e modos de agressão absolutamente distintos. Além disso, a resposta de cada organismo às células cancerígenas também varia de pessoa para pessoa, e é influenciada por uma multiplicidade de fatores fisiológicos e sociais! Uma pessoa fuma, outra não; uma pratica esportes, outra é sedentária; uma tem alimentação saudável, outra é diabética etc. – tudo pode influenciar! Então, por favor, não diga por aí o tal "a minha prima teve câncer, passou pela químio e foi tudo bem, logo..."! Logo, nada! Não tem esse logo!

"Nossa, que coisa boa, pelo menos você não perdeu o cabelo!"

Nada mais manjado do que essa, meu Deus! Cada tipo de câncer – e o estágio em que ele se encontra – requer uma espécie de quimioterapia (branca, vermelha, paliativa, adjuvante, neoadjuvante etc.); e cada tipo de químio possui efeitos colaterais próprios. A químio vermelha é muito utilizada, por exemplo, para o câncer de mama, e tem entre os seus efeitos colaterais a perda do cabelo. No meu caso, de tumor no reto, foi utilizada a químio branca, que não possui esse efeito colateral. Portanto, criatura, o fato de eu não ter tido a perda do cabelo como efeito colateral não significa que eu tive "sorte", tampouco que a minha químio tenha sido "leve"! Na real, a minha quimioterapia foi forte, pesada, eu tive incontáveis e sofridos efeitos colaterais (enjoo, náusea, ausência de apetite, vômito etc.) – e só não tive queda de cabelo por uma óbvia razão: esse efeito colateral não é próprio da quimioterapia branca, usada no câncer de reto! Simples assim!

"Você é a Ananda, que está com 'aquela doença'?"

Se em séculos passados, nos colóquios de então (usei "colóquio" porque deve ser da época!), não pegava bem pronunciar a palavra "câncer", atualmente eu não vejo razão alguma para continuarmos com essa maluquice, que certamente só ajudará a estigmatizar o paciente, ou a própria doença. Quando uma pessoa me soltou essa pérola, eu respondi, pura e simplesmente, com um discurso: "eu sou a Ananda, que está enfrentando um câncer; eu sei que o senhor está tentando me poupar, mas não pronunciar o nome da doença não vai ajudar em nada, nem aliviar as minhas dores, nem as físicas, nem as emocionais; e o pior, vai impedir que falemos com profundidade"; se não podemos pronunciar o vocábulo "câncer", como pretenderemos falar sobre câncer no reto, que envolve os órgãos sexuais, sobre os efeitos para a sexualidade etc. Como falar abertamente sobre os cuidados e o enfrentamento a uma doença se não pronunciarmos o nome dela?

"Mas você está bem, bonita, mais magra..."

Que valores sociais doidos nós fomos criando, né? Uma pessoa com câncer, uma doença grave, e a outra, entre tantos comentários que poderiam gentilmente ser feitos, acha uma boa ideia destacar o fato de a enferma estar "mais magra"! Como se fosse um belo elogio! É sério?

Meu Deus, que valores são esses? Ora, eu estava magra – cheguei a perder 10 kg –, não pela minha vontade, acho que ninguém em sã consciência já pensou em fazer uma "dieta do câncer" para emagrecer! Ora, eu estava magra, não porque eu quisesse; eu estava magra porque eu estava doente. Ponto. Eu estava magra no tal momento, provavelmente, porque os enjoos, as náuseas, os vômitos ou a total ausência de apetite provocados pela radioterapia ou quimioterapia não me permitiam comer! Na parte final das sessões de químio, alimento algum conseguia ficar no meu estômago, era comer e vomitar!

Especificamente no meu caso, havia, ainda, um motivo a mais para eu detestar essa frase: o meu histórico de distúrbio alimentar desde a época do Bolshoi. Como eu sofri com a bulimia desde o balé até os quase vinte anos de idade, o tal infeliz comentário acabava me trazendo péssimas lembranças daquele período, por tocar no famigerado assunto "peso corporal"!

Um dia, esse comentário me jogou numa profunda reflexão: veja como é a vida; durante a bulimia, que me perseguiu por quase dez anos, eu adorava comer, mas não fazia isso em razão da cobrança de um peso ideal, perfeito para o balé; alguns anos depois, eu descobri um câncer, emagreci 10 kg contra a minha vontade, tudo o que eu queria (e precisava, a minha saúde dependia disso!) era conseguir me alimentar bem para ganhar peso, para ficar mais forte no enfrentamento da doença, mas eu não conseguia, pelos efeitos colaterais dos diferentes tratamentos. E justamente nessa minha luta para conseguir fazer alguma comida parar no meu estômago, para eu ganhar peso, vem a pessoinha e "elogia" o fato de eu estar "muito bem, mais magra"!

Cara, eu sei que posso estar sendo repetitiva, mas insisto neste assunto porque o tal comentário sobre o peso de uma pessoa com câncer é muito cruel, chega a ser indigno ter de ouvi-lo. Na real, eu ouvi coisas muito bizarras, tipo: "como você está linda, magra", ou "nossa, pelo menos você emagreceu, está ótima, que coisa boa", ou, o pior deles, "menina, como você está magra, queria eu estar como você"! Com todo o respeito, é muita falta de noção!

O câncer me trouxe um equilíbrio muito significativo quanto ao meu corpo. Hoje eu não vivo mais em busca de um corpo perfeito, não brigo mais com a balança. Se eu ganho uns quilos a mais, eu dou uma maneirada na alimentação, dou uma atenção maior à assiduidade na academia, e pronto, sem maiores reclames. Mas eu confesso, com um constrangimento danado, que de tanto ouvir a tal frase sobre eu estar mais magra durante o enfrentamento ao câncer, no início, ali nos três primeiros meses de tratamento, eu acabei "surfando na viagem" e houve momentos em que eu me olhei no espelho da minha casa e repeti exatamente a frase que tanto me falavam, qual seja: "bem, pelo menos, eu estou mais magra"! Numa noite, lembro que eu cheguei a comentar com a minha mãe, como se eu tivesse feito uma positiva descoberta: "mãe, veja como eu estou bonita; finalmente, eu descobri alguma coisa boa nesse câncer, eu estou bem mais magra"! De tanto me falarem, eu acabei acreditando! Perdoa-me, Deus!

Só para não perder a piada, um pequeno parêntese, cômico! De tanto ouvir a outra tal frase chatíssima "você já está curada", numa noite, no hospital, depois de ouvir de mim repetidas vezes "mãe, eu não consigo dormir, eu não consigo dormir, mãe", a minha mãe parafraseou as chatas de plantão, e soltou esta: "minha filha, você já dormiu, você só não tá sabendo!". De tanto rir, o sono chegou! Boa noite, curada! Boa noite, mãe!

19

Os meus anjos da guarda

Eu fui agraciada com cinco anjos da guarda! Médicos e profissionais da saúde maravilhosos tecnicamente e que também foram atenciosos comigo, acolhedores, compreensivos com as minhas dores – e, principalmente, souberam me ouvir e me concederam o tempo que eu quis para me expressar!

O primeiro dos anjos foi a Doutora Cyrla Zaltman, a gastroenterologista do Rio de janeiro que no início de 2021 me fez o pedido do exame de colonoscopia, o exame que levou à descoberta do meu câncer. Não sei se pelo fato de também ser mulher, ou de os meus sintomas já estarem bem avançados, mas ela foi aquela médica que aplicou, com todo o acolhimento e toda a sabedoria desse mundo, o conceito de anamnese, me fazendo incontáveis perguntas sobre os meus sintomas, ouvindo com a maior tranquilidade do mundo, e não titubeou: eu já saí do consultório dela com um pedido de exame de colonoscopia. Obrigada, Doutora Cyrla, que foi a minha espécie de anjo Gabriel, que anunciou uma tragédia, é verdade, mas deu início ao salvamento da minha vida! Gratidão eterna.

O segundo anjo foi o Doutor Henry Najman, aquele que me diagnosticou a existência do câncer, e que até hoje é meu condutor-mor em tudo relacionado ao assunto. Foi ele quem me descreveu, pela primeira vez, como se daria o meu tratamento, as suas diferentes fases, as suas maiores dores. Principalmente, ouvia com toda a paciência do mundo as minhas dúvidas e as de minha mãe, e ainda me amparava nas minhas poucas recaídas emocionais. Meu querido professor Henry, você deixou de ser médico aqui na nossa casa, pois há tempo o senhor é nosso amigo querido!

O terceiro anjo foi o Doutor Reinan também da Clínica São Vicente, no Rio de Janeiro. Ele foi o chefe da equipe que realizou a minha primeira cirurgia de retirada do primeiro tumor e, posterior retirada da bolsinha de ileostomia. Doutor Reinan, quanto carinho para comigo, o senhor me tratava como se eu fosse uma neta!

O quarto anjo é você Doutor Pedro, meu grande incentivador nos momentos difíceis do enfrentamento ao câncer, e também nos meus sonhos no mundo da música! Eu sei que a nossa relação inicial começou em tempos difíceis, de rádio. E eu não estou falando de rádio legal, de ouvir música, não. Mas, com o tempo, a nossa amizade ficou tão boa que nem tem dia para acabar. Para completar essa sintonia, resolvemos, ainda, brincar de ter uma banda de música! Obrigada Doutor Pedro – e, por favor, não vá se atrasar para o ensaio da nossa "banda" na próxima semana!

O quinto anjo! O quinto anjo é de São Paulo, Capital, o Doutor Túlio Pfiffer que me acolheu no Hospital Sírio-Libanês e, em conjunto com o Doutor Publio, conduziu o procedimento de ablação para a retirada de um segundo tumor. Impressionante como o senhor, em tão poucas palavras, foi capaz de me passar tanta tranquilidade.

Essa mesma gratidão minha é também extensiva a todas as equipes médicas dos hospitais e clínicas por onde eu passei. As nutricionistas, as enfermeiras e os técnicos de enfermagem do Copa Star, do Sírio, da Clínica São Vicente, que sempre me trataram com muita atenção, com carinho mesmo. A Dona Janaína, do Copa, por exemplo, uma fofinha, temos até um encontro marcado, num dos meus próximos shows, se Deus quiser!

Um dia, eu tive um desejo de agrião, e o revelei à nutricionista, que riu de desejo tão saudável! No outro dia, lá estava, na minha frente, uma bacia de agrião! Na primeira noite depois da minha cirurgia de retirada do tumor, eu ouvi uma das enfermeiras falando com a minha mãe: "traga amanhã alguns pijamas bonitos, coloridos, é importante ela se sentir bem, bonita, não ficar só com os da cor beje, daqui do hospital"! Olha se isso não é uma dose fofa de carinho!

20

Resiliência tóxica

Desde o diagnóstico da minha doença e o início do tratamento, uma das recomendações que eu mais ouvi – de familiares, de médicos, de amigos etc. – foi sobre a importância do meu otimismo para o processo de cura. Nada mais clichê, mas deve ter lá o seu efeito! De tanto ouvi-la, eu me vesti dessa ideia dia e noite, e sempre agi com um otimismo de Pollyanna, e adotei a postura de não passar para os outros as minhas dores e vulnerabilidades. Mesmo diante dos meus maiores perrengues, eu me vestia de fortaleza e, num misto de disciplina, resiliência e otimismo, acabava conseguindo encantar a todos, por passar sempre a ideia de que "claro, está tudo bem". Na real, não era nem tanto pelos outros que eu fazia isso, era por mim mesma, eu queria me sentir bem, bonita, forte e sempre disposta.

Resiliência tóxica

Qualquer pessoa que tenha acompanhado o meu tratamento de perto não terá dúvida: a minha marca nesse processo foi a resiliência! Ponto.

De tão fortaleza, o meu comportamento, às vezes, assustava aqueles que comigo conviviam, e que sabiam da gravidade da doença, e dos perrengues dela decorrentes que eu estava enfrentando. Vou mencionar um exemplo, para o entendimento ficar mais cristalino, sem drama: numa sexta-feira, eu me submeti a uma cirurgia no hospital Sírio-Libanês em São Paulo, para a retirada de um segundo tumor, agora no fígado; no sábado, eu perdi um irmão, de apenas 41 anos, por um infarto fulminante; na terça-feira seguinte, eu havia sido convidada para uma festa da Warner Chappell, no Rio de Janeiro, para comemorar os 55 anos da editora no Brasil; como eu considerava esse evento importantíssimo para mim, para reencontrar pessoas conhecidas e alguns ídolos meus, lá estava eu – e, para aqueles que lá me perguntavam, claro, "está tudo bem"!

Certamente, esse balaio de estoicismo, resiliência, disciplina e otimismo teve um efeito positivo para o meu processo de cura. Mas hoje, olhando para trás, eu penso que, em alguns momentos, talvez eu tenha passado dos limites. Talvez, ainda, ligar o modo fortaleza tenha, também, sido responsável pelos meus episódios de crises de estresse, nos quais eu me desequilibrava completamente. O fato de eu disfarçar, esconder todas as minhas vulnerabilidades talvez tenha me gerado muita dor, e não tenha permitido que pessoas amadas participassem do processo, para me ajudarem nos picos de tristeza.

Numa tarde, enquanto voltávamos de exames de sangue de rotina, a minha mãe, o meu pai e eu, a partir de uma discussão bobinha com a minha mãe, em que ela disse algo do tipo "você precisa se organizar, você está bem para isso, e não altere a voz comigo", eu surtei geral, perdi o controle e comecei a gritar: "por que eu não posso alterar a minha voz?

De tanto mirar na cura – "sim, eu vou ficar bem". De tanto focar na superação – "claro, só falta extrair o tumor, logo eu estarei saudável!". De tanto me concentrar nos procedimentos que tinham de ser executados – "tem radioterapia, faço; tem quimioterapia, faço; tem de congelar óvulos, vamos lá! Ressonância magnética? Fui!". De tanto repetir que eu ia me curar, que tudo aquilo era meramente passageiro, eu não me permiti enxergar a mim mesma como doente. Mas eu estava doente, estava dilacerada por dentro. Entretanto, eu tirei esse sentimento de mim, e só queria convencer a todo mundo – e mim mesma! – de que estava tudo bem. Mas não estava! Estava doendo muito. Muito, na alma! Por essas e outras, quando lanço um olhar sobre aquele momento, penso que eu deveria ter sido mais humana, mais imperfeita – e menos fortaleza! Eu deveria ter me permitido ser mais verdadeira, ter demonstrado mais vulnerabilidade – principalmente comigo! Se num processo de cura há gente pessimista em demasia, que se faz de vítima frente ao infortúnio, descobri em mim mesma que há, também, gente que peca pelo excesso de fortaleza! Provavelmente, nem um extremo, nem outro, faça bem ao processo de cura...

> **Eu só queria convencer todo mundo – e a mim mesma! – de que estava tudo bem. Mas não estava! Estava doendo muito, na alma!**

De qualquer modo, para o bem ou para o mal, o fato é que esse meu espírito de luta, de permanente fortaleza foi homenageado, de modo permanente! A empresa que administra a minha carreira musical teve a denominação alterada, e passou a se chamar "Guerreira Music"! Quem terá sido a inspiração para essa mudança?

21

A relevância do equilíbrio emocional

Ninguém disse que seria fácil... Na tarde em que recebi o diagnóstico, me disseram, sem muitos rodeios, que as fases pelas quais eu passaria ao longo do enfrentamento do meu câncer seriam desafiadoras, e os seus efeitos colaterais muito dolorosos. Na própria consulta, a equipe médica já me apresentou as principais batalhas que se avizinhavam, nesta ordem: coleta de óvulos, sessões de radioterapia, sessões de quimioterapia, cirurgia de retirada do tumor, cirurgia para colocar a bolsinha de ileostomia, o uso temporário dela, alguns meses mais tarde, um novo procedimento cirúrgico para sua retirada e, por fim, o restabelecimento do funcionamento regular do meu intestino. De cara, já deu para perceber que não seria como uma ida à padaria...

A relevância do equilíbrio emocional

Naquele momento inicial, confesso que eu só pensava nas dores físicas que estavam por vir, a partir de tudo o que eu já conhecia a respeito de tais procedimentos, como os efeitos colaterais resultantes das aplicações de radioterapia e da quimioterapia, por exemplo. Mas logo descobri que, em paralelo a tais dores físicas, eu também teria que administrar várias dores emocionais, dessas que nos jogam no fundo do poço. De fato, ainda preparação para a primeira batalha a ser vencida – a coleta de óvulos –, eu comecei a ter noção do quanto seria exigido da minha saúde mental, e do quanto as dores emocionais podem, às vezes, ser mais profundas do que as físicas...

Mais ou menos assim: de um lado, o procedimento de coleta de óvulos me havia sido descrito como "tecnicamente simples", já que realizado voluntariamente por milhares de mulheres no Brasil e no mundo, visando garantir uma futura gravidez, diante das incertezas da vida. De outro lado, porém, a excepcionalidade do meu caso começou a impactar profundamente minhas emoções, a cada novo choque de realidade (facada!) que me atingia ao longo do processo de preparação para a coleta: a realidade de nunca mais poder gerar um filho pelo método tradicional; a formação de uma "barriguinha de grávida", por conta das doses cavalares de hormônios que me foram aplicadas; o provável atingimento dos ovários e do útero pelos procedimentos se seguiriam; a chegada da menopausa, com todos os seus desconfortos, no auge dos meus 23 anos de idade; o uso futuro de uma "barriga de aluguel" como alternativa, caso o meu útero fosse atingido, para ter um filho biológico – tudo isso gerou em mim uma dor emocional sem precedentes, solitária e íntima.

Ninguém me disse, também, que, além dessas pancadas inicialmente previstas, outras, imprevisíveis, poderiam surgir pelo caminho, e que com elas eu seria obrigada a buscar um equilíbrio emocional ainda maior. Foi o que me aconteceu, por exemplo, quando: *(1)* o meu namoro terminou, faltando menos de 48h para minha internação para realizar a cirurgia de retirada do tumor; *(2)* houve a descoberta de um segundo tumor, em metástase, agora no fígado; e *(3)* tive a notícia da morte de um irmão querido, por infarto fulminante, e de que o meu pai também havia sido diagnosticado com um câncer, e que passaria por uma cirurgia brevemente.

Eu me dei o direito de ser repetitiva nos parágrafos anteriores, fazendo uma espécie de introdução cansativa mesmo, para, a partir dela, chamar atenção para uma forte convicção que eu adquiri ao longo do meu enfrentamento do câncer – e que, por mais óbvia que ela possa parecer, ainda é objeto de tabu por parte de muita gente: o quanto o nosso equilíbrio emocional é importante para o longo caminho de enfrentamento do câncer.

> **Nosso equilíbrio emocional é importante para o longo caminho de enfrentamento do câncer.**

Hoje, quando eu olho para trás e vejo a quantidade de momentos dolorosos pelos quais passei, tenho até dificuldade em acreditar e entender de onde eu tirei tanta força, tanta resiliência para, diante

A relevância do equilíbrio emocional

das adversidades cotidianas, erguer a cabeça, respirar fundo, buscar motivação nas profundezas da alma e seguir em frente (rumo à última e sofrida sessão de quimioterapia, por exemplo). A única resposta que encontro é que, de um lado, eu realmente tive muita força de vontade e, de outro, tive muito apoio para o controle das minhas emoções – e é sobre esse segundo ponto, e sobre o tabu que ainda o envolve, que eu falarei na sequência.

> Seja vulnerável! Admita suas raivas e descontroles! Abandone eventuais preconceitos! Esteja aberta ao novo! Acolha a bondade! Supere os tabus, procure ajuda profissional!

Se você for diagnosticada com um câncer grave, analise-se na perspectiva dessas questões. Elas podem parecer puros clichês, mas, acredite, tomar consciência delas poderá lhe ser útil durante o tratamento. É evidente que somos seres únicos e, por isso, respondemos distintamente às emoções que nos são negativas, dolorosas e, logicamente, não existe uma "receita de bolo" para nada disso. Mas, depois de tudo pelo que eu passei, arrisco a dizer que cada uma dessas questões, em maior ou menor grau, exigirá da paciente, durante o longo período de enfrentamento do câncer, alguma reflexão e, quem sabe, uma mudança de rumo. No meu caso, tudo começou pelo (difícil) reconhecimento da minha vulnerabilidade. Se no início do tratamento eu me vestia de fortaleza bordada de resiliência, ligava a 1ª marcha e, sem pestanejar, seguia em frente, com o tempo eu comecei a perceber que, nesse ritmo, eu não completaria a maratona, tamanhos os sofrimentos emocionais que eu escondia.

Pois é, foi quase na marra que eu comecei a admitir para mim, e principalmente para as pessoas próximas a mim, que eu estava sofrendo muito, escondendo muitas dores e que precisaria de ajuda.

A admissão de raiva e descontroles emocionais é a saída para, excepcionalmente, contra-atacar ou fugir da chamada "positividade tóxica", tão comum atualmente, especialmente nas redes sociais. Não é o caso, aqui nesta obra, de examinarmos profundamente a questão, mas há estudos seriíssimos de universidades de psicologia nos Estados Unidos que indicam que a não aceitação de emoções negativas (como a raiva, a culpa e o medo, por exemplo) pode gerar problemas graves na saúde mental, entre eles a depressão e a ansiedade. Eu não tenho dúvida de que depois da aceitação de alguns picos de estresse que tive diante dos meus pais, eu me senti mais leve, como se um fardo tivesse sido retirado das minhas costas – e, além disso, é também certo que a nossa relação e as nossas conversas sobre a doença melhoraram.

Outra frente que me ajudou muito durante o tratamento foi o fato de eu, há muito tempo, mesmo antes do diagnóstico do câncer, ser aberta a atividades e processos de cura alternativos e/ou místicos. Por razões óbvias, esse meu acolhimento só cresceu durante o longo e doloroso tratamento. Se antes da doença eu já me considerava uma quase mística, ainda que mais na teoria, pelo fato de não ter preconceito e ser aberta a atividades e terapias diversas, desde o início do tratamento eu me vi cercada de pessoas maravilhosas, que me acolheram em diferentes sentidos.

Esse é um terreno cinzento, e, decididamente, não sou a pessoa certa para, aqui e agora, indicar essa ou aquela atividade, esse ou aquele conteúdo místico etc. Mas estou tão convencida da positividade desse caminho no meu processo de enfrentamento do câncer que arrisco dizer que, qualquer que seja sua praia – ioga, meditação, mantras, reiki etc. –, você deve avaliar a positividade de a ter como aliada num período que impõe tamanhas dores emocionais (com a ressalva é claro, que não há comprovação científica dos seus efeitos concretos no processo de cura). Mas, vá por mim: pouco importa se você já praticou, ou não, tais atividades; mais importante é você deixar a resistência inicial e/ou eventual preconceito de lado (do tipo "se meditação curasse, monges não se quedariam enfermos"), e se mostrar aberta ao novo. #GoodVibes.

Para clarear um pouco mais a tese de que "pouco importa se você já praticou ou não" alguma dessas atividades –, abro aqui um pequeno parêntese para mencionar uma que foi sugerida pelo meu irmão Thalles (o que se foi em 2022, por um infarto fulminante). Certo dia, ele me enviou alguns mantras e em seguida me telefonou para orientar a respeito de como proceder com eles. Embora eu não fosse praticante desse tipo de ritual, diante daquele gesto de carinho, segui as orientações que meu irmão me passou, entre as quais, a de repetir 21 vezes cada um dos mantras – e, acredite, em poucos dias aqueles momentos de paz passaram a me fazer tão bem que eu já não conseguia mais me enxergar naquele período sem eles. Tudo bem, sabemos que não há como comprovar cientificamente o efeito positivo direto daquela prática no meu processo de cura, mas uma coisa me parece cristalina: o simples fato de eu ter aquele "compromisso" diário com os mantras e a lembrança de que aquela prática estava impregnada da dedicação e do amor do meu querido irmão, já me traziam acolhimento emocional, muita paz e, claro, maior disposição para enfrentar a batalha do dia no meu tratamento!

Por fim, se houver condições para tanto, penso que a busca de apoio psicológico e psiquiátrico deve ser avaliada o quanto antes. Nada de tabus. Nada de se sentir culpada por isso, com coisas do tipo "eu não estou conseguindo me administrar sozinha, estou ficando doida". Esse tema pode parecer menor, mas o fato é que, até hoje, ainda existem muitos tabus acerca da busca de ajuda psicológica e/ou psiquiátrica. Todo mundo diz que é bobagem, que é o certo a se fazer, mas, na hora de reconhecer que está precisando de ajuda psiquiátrica e de assumir socialmente que faz uso de medicação controlada (o uso generalizado da expressão "medicação tarja preta" já denota certo preconceito!), a coisa muda de figura!

No meu caso, com o apoio terapêutico não houve resistência alguma, até porque eu já fazia terapia antes, e, com isso, a única mudança foi na frequência, passando de uma para duas sessões por semana.

E como minha terapeuta foi importante para mim em todo o período do tratamento, para muito além do clichê "encontre alguém para você se abrir, para conversar sobre o assunto sem reservas"! Nossa, fomos muito além disso! Serei eternamente grata a ela, Carol, pois foi a partir das nossas sessões que eu consegui entender melhor o meu comportamento em temas como "aceitação de fatos", "negação de emoções negativas", "acolhimento das vulnerabilidades", "construção de cenários positivos no futuro", "enfrentamento do término de um namoro na véspera da cirurgia mais complicada do tratamento" etc.

> **Encontre alguém para você se abrir, para conversar sobre o assunto sem reservas!**

Por outro lado, não foi muito fácil aceitar a prescrição de antidepressivos. Ora, eu me alimentava bem, praticava atividades físicas de modo constante, consumia bebidas alcoólicas ocasionalmente, dormia o turno recomendado – e, claro, quando somamos a essas quatro realidades os meus (apenas) 23 anos de idade, o resultado é um só: raramente eu tinha algum problema de saúde e, mais raramente ainda, eu tomava algum tipo de medicação! Talvez por isso eu tenha resistido tanto aos antidepressivos – não por preconceito, mas, pura e simplesmente, por achar que eles não eram necessários.

Minha resistência, no entanto, teve um limite: quando as emoções chegaram à flor da pele, eu cedi e tomei o antidepressivo que havia sido prescrito para mim, e que me ajudou com as crises de ansiedade. Por isso, hoje, mais do que nunca, eu me sinto à vontade para dizer: se a coisa apertar, deixe de lado eventual preconceito, afaste suas resistências e converse com um especialista!

> Não trate a busca por equilíbrio emocional como mero acessório.

Em suma: num processo de enfrentamento do câncer, complexo, demorado e cheio de atividades concretas a serem executadas diariamente (exames diversos, tomografias, radioterapia, quimioterapia etc.), não trate a busca pelo equilíbrio emocional como mero acessório. Depois do que eu passei, não tenho dúvida sobre afirmar que o equilíbrio das nossas emoções desempenha um papel fundamental, como um alicerce no nosso processo de cura – afinal, a nossa disposição diária para seguir em frente e enfrentar as fases da maratona chamada "tratamento", dependerá muito dele!

22

O meu remédio, a minha maior motivação

Hoje considero importantíssimo que, no longo processo de tratamento de um câncer, o paciente encontre uma motivação maior para o seu dia a dia, ou para os momentos mais difíceis do tratamento, que não são poucos. Eu parto do princípio de que todos nós temos algo na vida que nos motiva, que nos anima quando nos sentimentos desamparados, diante daquelas situações em que parece que até a sua fé o abandona!

Nos anos de 2018 e 2019 eu me dediquei integralmente aos estudos para o vestibular de medicina, depois de interromper a faculdade de nutrição. Depois de algumas tentativas frustradas no mundo da arte – da dança, do teatro e da música –, eu resolvi adotar uma profissão ortodoxa, e jurei a mim mesma que jamais voltaria a sonhar em ter a música como profissão.

Mas, no finalzinho de 2019, a Anabelle e o Vicente apareceram na minha vida, para me resgatarem; e me apoiaram num projeto musical. Os meus pais concordaram com a mudança – coisa difícil no Brasil, um país em que poucos pais incentivam os seus filhos a elegerem a arte como ganha-pão – e partimos para a nossa aventura musical.

Naquele momento, enquanto tomávamos a decisão, ninguém ali pensou que teríamos de enfrentar uma pandemia, que impôs até *lockdown*, e depois o diagnóstico de um câncer nível 4! Mas hoje eu não tenho dúvida: a música chegou para me ajudar, para me dar forças para suportar o tratamento do câncer, com todas as dores – físicas e emocionais – que eu já abordei nesta obra. Viva a música!

> **A música chegou para me ajudar, para me dar forças para suportar o tratamento do câncer, com todas as dores – físicas e emocionais. Viva a música!**

Sério, gente, a música foi a minha motivação de todos os dias, especialmente naqueles mais difíceis, como as idas para as dolorosas sessões de radioterapia e de quimioterapia. Em todo o período do meu tratamento, do acordar ao deitar para dormir, além dos cuidados diários com a saúde, a minha maior motivação era uma só: eu preciso sobreviver, eu sei que eu ainda

O meu remédio, a minha maior motivação

subirei num grande palco, com uma banda maravilhosa, e encantarei multidões por esse Brasil! Viva a música, novamente!

A música foi para mim um remédio tão importante que não só eu, mas todos aqueles que me acompanhavam de perto tinham plena consciência disso! A minha mãe, durona que só, um dia, ao chegar a nossa casa, eu a peguei falando para uma amiga dela, na lata: "amiga, eu não tenho dúvida, se não fosse a música, a Ananda estaria morta"! Obviamente, ela não estava querendo dizer morta, morta, morrida; ela quis dizer que eu certamente estaria morta por dentro, ou muito mal emocionalmente, muito menos resiliente diante de tantos infortúnios. Sou obrigada a concordar com ela! Então, de novo, viva a música!

Ouvi também outros comentários, que bem indicam o quanto as pessoas percebiam a importância da música no meu processo de cura. Um amigo da minha mãe, servidor público, um dia comentou comigo: "Ananda, é quase inacreditável ver toda essa sua dedicação, como você trabalha muito durante o seu tratamento; no serviço público, ouvimos falar de gente que inventa doença, pega atestado médico ideologicamente falso só para não trabalhar; e você aqui, com um câncer desse, só pensando em música, trabalhando dia e noite". De tão surreal para mim, eu tive até dificuldade para entender o comentário dele. Mas quando entendi, respondi a ele: "trabalho? Como assim, trabalho? É a minha vida, é o principal componente do meu sangue"!

> **Trabalho? Como assim, trabalho? É a minha vida, é o principal componente do meu sangue!**

Até os médicos perceberam isso! Numa tarde em que o Vicente foi me visitar no hospital, e eu o apresentei a um dos meus médicos como o meu maior apoiador no projeto musical, eu percebi que, quando o Vicente saiu do meu quarto, esse médico o seguiu até a porta do elevador, e eles tiveram uma breve conversa. Curiosa com aquele comportamento inusitado daquele médico, um senhorzinho tímido que só, eu indaguei ao Vicente qual havia sido o teor da conversa, "Conversa nada, foi uma bronca, quase uma ameaça; ele me pediu para eu olhar bem nos olhos dele, e me disse, bravo que só: 'você é o empresário da Ananda, certo? Pois, olhe aqui, por favor, não a abandone, não sacaneie com ela neste momento, ela precisa da música para continuar firme e motivada nesse tratamento; por favor, cuide dela'", me relatou o Vicente!

Mas para mim há uma cena que descreve ainda melhor a importância que a música teve no meu processo de cura, ocorrido na tarde em que o Doutor Henry diagnosticou o meu câncer. Na sala dele estávamos ele, a minha mãe e o meu pai à frente dele, comigo no meio, e, em duas cadeiras à parte, numa espécie de sala de espera, o Vicente Paulo e o meu namorado da época. Quando o Doutor Henry falou "Ananda, você está com um câncer...", involuntariamente, eu saí do meio dos meus pais, corri até o Vicente, ele se levantou, assustado, e eu disse a ele estas exatas palavras: "Vicente, por favor, diga que você não vai desistir de mim, do nosso projeto da música"!

Mas então, para a minha sorte, ele pegou as minhas bochechas com as duas mãos e me disse, meigo que só, a frase, que me trouxe um conforto sem preço naquele momento: "imagina, Guria, pirou o cabeção? Estaremos mais juntos do que nunca, sairemos dessa cantando"! Aí, sim, eu voltei até os meus pais, abracei os dois com todas as minhas forças e choramos juntos!

Hoje, numa das minhas viagens com o Vicente para a Chapada dos Veadeiros/GO, cachoeira vai, reflexão vem, imaginei a coisa: "pobre Vicente, gente, nem passava pela cabeça do coitado que um dia ele assumiria um protagonismo tão ímpar na minha vida, para muito além da música! Doido, né?! São as tais coisas surpreendentes dessa vida, tipo nós dois aqui hoje, em 2023, mais próximos do que nunca, entre lágrimas e boas risadas, no processo de elaboração deste livro! E celebrando a vida!

Para finalizar, vou repetir aqui o que eu disse no primeiro parágrafo deste capítulo! Se você foi diagnosticada com um câncer, procure uma motivação real, que você verdadeiramente ame, para ser a sua companheira durante aqueles momentos mais difíceis do itinerário de tratamento da doença. No longo período de enfrentamento ao câncer, haverá muitos momentos em que você se sentirá sozinha, numa solidão profunda. Nesses momentos, ter algum desafio, alguma coisa que nos motive, pode fazer uma grande diferença. Eu penso que vale qualquer coisa, pescar nos dias de folga, estudar astronomia, voltar a se dedicar à gastronomia, ou cuidar de uma horta! Só não pode deixar a mente vazia, por que a chance de a melancolia chegar aumenta substancialmente...

> No longo período de enfrentamento ao câncer, haverá muitos momentos em que você

> se sentirá sozinha, numa solidão profunda. Nesses momentos, ter algum desafio, alguma coisa que nos motive, pode fazer uma grande diferença.

Durante os meus quase três anos de tratamento, eu consigo contar nos dedos de uma das mãos aquelas pessoas que, além dos meus familiares próximos, estiveram verdadeiramente ao meu lado. Algumas delas desistiram, ficaram pelo caminho. Outras não tiveram condições para se dedicarem a mim, de tão absortas que estavam nos seus próprios problemas e lutas diários. Mesmo com o carinho dos familiares queridos, e por maior que seja o apoio deles, ainda haverá certos momentos de solidão, em que ninguém poderá ficar ao seu lado, nem sofrer as suas dores – e, nessas horas, só a sua imaginação e a sua motivação lhe darão forças para continuar na luta! Lembre-se dessas minhas palavras, e me imagine em 2021, deitada numa maca de hospital, na solidão gélida da sala de aplicação da quimioterapia, em meio a todo aquele desconforto dilacerante da veia do meu braço, cantando uma das minhas músicas, e imaginando como seria a coreografia dela, comigo dançando num grande palco por esse Brasil! Feliz da vida! E se eu não tivesse essa motivação?